U0097555

VENUS PUBLISHING CO.
金星出版
命理生活新智慧・叢書

命理生活新智慧・叢書 99

賺錢智慧王

金星出版社 http://www.venusco555.com
E-mail: venusco555@163.com
venusco@pchome.com.tw
法 雲 居 士 http://www.fayin777.com
E-mail: fayin777@163.com
fatevenus@yahoo.com.tw

法雲居士⊙著

金星出版

國家圖書館出版品預行編目資料

賺錢智慧王／
法雲居士著， --臺北市：
金星出版：紅螞蟻總經銷，
2011年4月 初版； 面 ；公分—
（命理生活新智慧 叢書；99）

ISBN 978-986-6441-39-4（平裝）

1.命書

293.1 100002175

賺錢智慧王

作　　者：法雲居士
發 行 人：袁光明
社　　長：袁光明
編　　輯：王璟琪
總 經 理：袁玉成
地　　址：台北市南京東路三段201號3樓
電　　話：886-2-2362-6655
傳　　真：886-2-2365-2425
郵政劃撥：18912942金星出版社帳戶
總 經 銷：紅螞蟻圖書有限公司
地　　址：台北市內湖區舊宗路二段121巷19號
電　　話：(02)27953656(代表號)
網　　址：http://www.venusco555.com
E-mail：venusco555@163.com
venusco@pchome.com.tw
法雲居士網址：http://www.fayin777.com
E-mail：fayin777@163.com
fatevenus@yahoo.com.tw

版　　次：2011年4 初版 2021年5月 加印
登 記 證：行政院新聞局局版北市業字第653號
法律顧問：郭啟疆律師
定　　價：400 元

行政院新聞局局版北字業字第 653 號
(本書遇有缺頁、破損倒裝請寄回更換)
版權所有・翻印必究

投稿者請自留底稿
本社恕不退稿

ISBN :9789866441332（平裝）
＊本著作物經著作人授權發行，包括繁體字、簡體字。
凡本著作物任何圖片、文字及其他內容，均不得擅自重製、仿製或以其他方法加以侵害，否則一經查獲，必定追究到底，絕不寬貸。
（因掛號郵資漲價，凡郵購五冊以上，九折優惠。本社負擔掛號寄書郵資。單冊及二、三、四冊郵購，恕無折扣，敬請諒察！）

序

這本『賺錢智慧王』是我多年來想寫的一本書。每個人對賺錢都有不同的方式。每個人對於賺錢也都有自己的一套理論。為什麼有的人看起來賺錢很容易？有的人賺錢卻很辛苦，又賺不到什麼錢呢？從命理學的觀點來看，主要是因為每個人的個性不同，思想上有差異，故而在賺錢的敏感度上也造成差異而形成的。

就一般人來說，財星坐命的人，比較會賺錢、財富也比較多。應該是財星坐命的人，對於賺錢的敏感度高，嗅得到商機之故吧！此外像貪狼坐命的人和七殺坐命的人，在錢財上也都有好運。不但有偏財運，在正財上努力打拼，也是極易擁有極大財富的人。

為什麼這些人能擁有這麼好的機緣去賺到錢？而我們就沒有，這是什麼原因呢？

其實賺錢的機會是人人都有的，難道你沒聽說過：『命好不如運好，運好不如流年好，流年好不如當時好。』嗎？首當其時，財星高照是最好的了。因此你不必氣餒！只要好好把握住賺錢的運程，在自己紫微命盤中找出賺錢的年歲時日，確定自己適合努力的方向，賺到自己滿意的財富並不是一件難事。

『賺錢智慧王』就是這麼一本可以告訴你：什麼樣的人，可以賺什麼樣的錢？你可以在何時賺到大錢？何種人適合投資？在何時投資最有利？何種人適合做投機生意？何種人是不適合投機和投資的，必須兢兢業業、夙夜匪懈的努力才會有財富的。

『賺錢智慧王』也會告訴你：年命五行與用神生剋對於年運及所從事行業的盛衰有極密切的關係。

『賺錢智慧王』還會告訴你：所有干支日股票大盤漲跌預卜的情形，提供給你做參考。其他尚有賺錢風水、方向與預卜賺錢吉凶的方法。希望這本『賺錢智慧王』能幫助你在財運上更上層樓，得到滿意的成就。

法雲居士　謹識

▽賺錢智慧王

命理生活叢書99

目錄

賺錢智慧王

賺錢智慧王

紫微命理學苑

法雲居士 親自教授

- 紫微命理專修班
  - 初期班：12周小班制
  - 中級班：12周小班制
  - 高級班：12周小班制
- 紫微命理職業班

台北市中山北路2段115巷43號3F-3
電　話：(02)25630620・25418635
傳　真：(02)25630489

(報名簡章待索)

法雲居士

◎紫微論命
◎八字喜忌
◎代尋偏財運時間

賜教處：台北市中山北路2段115巷43號3F-3
電話：(02)2563-0620
傳真：(02)2563-0489

前言

富有不再是某些人的專利，要想成為億萬富翁絕不是難事，要想創造真正的財富，就必須先瞭解激發賺錢本領的祕訣。

一般人對於『賺錢』這件事，是既愛且恨，又覺得非常辛苦。雖然覺得俗氣，但又不能不去做，又必須把它做得很好，否則就不算是一個成功的人。

的確，在現今的社會中，『會賺錢』和『會賺很多的錢』已成為一個人成功的標誌。很多人，不管是主動的、或被動的都在向這個標誌邁進。

賺錢非難事，只要以『賺錢』為目標，持續努力去做，成為富翁絕非難事。在我們一生中有許許多多的賺錢機會，如何把握卻是要看我們的智慧了。

大家都知道的大陸工程公司的老闆殷琪的爸爸殷志浩先生，是一個極其富有、家財萬貫、極其精明的生意人。他曾經說過：在這一生中，最喜歡做的事，就是賺錢了。可見『賺錢』這件事對他來說是何等有趣了！相對的，他也把大部份的人生都投注在賺錢上面了。

在筆者年輕的時候，曾到一位電影大亨的家中做客。參觀他那富麗堂皇的房子和富豪生活。在我剛踏入他的別墅型房子時的確十分羨慕他，覺得他實在太好命了，可以擁有這麼一幢美麗的房舍。但是在我和他相處三個小時之後，我卻不這麼想了。因為在三個小時之中，我一直在聽他說：怎麼賺錢？什麼最賺錢？什麼東西價值多少錢？滿口的錢！錢！錢！錢！而且在三小時之間還不停的接電話、打電話、忙著找人、叫人做這做那的，實在忙得不得了。當時我才明瞭，錢是這麼賺法的，只要你滿腦子是『錢』！不斷的找賺錢的機會，日以繼夜不以為苦，長久持續個五年、十年、二十年，怎麼會不成為富翁呢？但是在當時，我又這麼想：要是富人的生活都是這麼樣的俗氣與乏味，那要錢還有什麼意思呢？

目前有許多年青人，也都有我當時這種『賺錢太乏味』的想法，以致耽誤了正運、財運。在年紀即將邁入中年時，才在懊悔。再想打拼，或到處尋求發財的方法。

辛苦賺錢必須知道『著力點』，在人生的競賽中，善用『時機』，就是最先成功賺到錢的人。

很多人都知道：少年是學習的階段，青年是打拼努力，開拓事業的階段，中年是事業成熟的階段，五十歲以後是安享成果的階段。這是一般人大致上的運程與觀念。但是我們常忽略了，也有很多人的運程不是這樣走法的。例如一些年輕的歌手，在十幾、二十幾就一舉成名了。中年以後的運程卻不怎麼樣。又例如麥當勞的創始人，在五十歲時才開始創業發展。如此不同的運程足以打破傳統觀念中『少而學，壯而勤，老而守』的觀念了。

如何才能得知我們人生中的運程是怎麼樣的一個模式？是傳統型的？還是不同於一般型的呢？這就必須觀看我們的命盤是那一種的格式？行運的方向為何而定了。

我們若已知道自己的命理格式和行運方向，再加上大運（大限）、流年、流月的準確精算，就立即可知道何時是我們該努力的年月（著力點）？何時是我們人生的高峰期？何時是我們的守成期？何時是我們應該忍耐的蟄伏期？如此，我們才可以把握時間，在旺運的時候努力，事半而功倍，快速的達到富有的成功點。相同的，在弱運時，我們也才可以不必白費力氣無功折返，挫了自己打拼的銳氣，滅了自己直驅成功的志氣，而自怨自艾過一生。

命理格局可打通你的『賺錢路』，要清楚的瞭解自己的價值，再能預測自己的命運和前途的人，就能成為億萬富翁。

我們也可以由紫微命盤中得知適合自己努力的方向。例如：適合自己心性的工作是什麼？何種工作是利於自己輕鬆賺取而多利的？

在命理學中，只要是適合自己命理格局的工作，做起來便賺錢容易，且較不辛苦。反之，與自己命理格局相剋害的工作，肯定是吃力不討好，既辛苦又不長久，進財困難。

賺錢智慧王

倘若你現在的工作與賺錢的方式與自己斗數命盤中所顯示的特點有差異，請趕快修正你的賺錢路線，不要再走枉路了！

倘若你目前正曚懂，不知何去何從？大運在何時？該努力打拼的著力點在何時？何處？是少年？青年？還是中年呢？這本『紫微賺錢術』會教給你大運、流年、流月的算法，讓你找出自己的高峰期，好好努力拼一場『成為富翁』的競技遊戲。

人類賺錢的本領，有隱性和顯性兩種，如何將你的賺錢本領激發和淬煉出來？好好利用在事業上，這就是改變命運的最大課題。

許多人都在算命時詢問：『我何時會有錢？』這樣的問題。也許你以前真的不知道自己有成為富翁的才能。也許你以前真的還不知道自己有投資多種資財的本能。也許你還不知道自己有官貴，可權傾朝野，富貴同高。但是在看過『賺錢智慧王』以後，你會對自己重新開始評價。你不會再怯懦於前行無路的悲哀。你會發覺！前程、路途是如此廣闊，很多事我們都可做的很好，成功竟是如此容易！賺錢也不再是難事。

『賺錢智慧王』會讓我們明白該走什麼路？如何走下去？何時會達到目標的頂點？

因此，**『賺錢智慧王』能激發你賺錢的本領**，開拓你的本質，挖掘出新世紀的大富翁，創造出新的成功者！

現在讓我們一起來繼續關心這個『賺錢』的問題！

法雲居士⊙著

一般坊間的姓名學書籍多為筆劃數取名法，這是由國外和日本傳過來的，與中國命理沒有淵源！也無法達到幫助人改善命運的實質效果。

凡是有名的命理師為人取名字，都會有自己一套獨特方法，就是--納音五行取名法。

納音五行取名法包括了聲韻學、文字原理、字義、聲音的五行來配合其人的命理結構，並用財、官、印的實效能力注入在名字之中，從而使人發奮、圓通而有所成就。納音五行的運用，並可幫助你買股票、期貨及參加投資順利。

現今已是世界村的時代，很多人在小孩一出世時，便為子女取了中文名字、英文名字及日文名字，因此，法雲老師在這本書將這些取名法都包括在此書中，以順應現代人的需要。

第一章　每個人都潛藏著賺錢潛能

命宮、財帛宮、官祿宮管得是你的思想模式（決策能力）、理財能力、工作能力，這種種的能力會直接影響到你的財富多寡

舉凡在命理學中，我們想要知道自己是否有錢？是何種賺錢方式？賺的是什麼樣的錢？錢財進出的狀況等等，就必須觀看命宮、財帛宮與官祿宮裡，有無財星？有無煞星的存在？因此『命、財、

賺錢智慧王

官』在吾人賺錢進財上，占有極重要的關鍵地位。財星在此居旺的人，一生的事業順利，財運旺盛。若有一、兩個煞星（如羊、陀、火、鈴）等同宮的人，進財、賺錢將會受到一部份的阻撓，是較為不順的。

『命、財、官』有財星時的金錢運

財星在『命、財、官』三宮位出現時，而且是居旺地的話，都有較好的財運、事業、人際關係，生活中的物質享受也好，擁有較高的生活水準，相對的知識文化水準也會較高。

倘若財星居陷在『命、財、官』三宮位時，會影響財運的收入，事業容易起伏，人際關係不順，容易受欺侮，生活水準不高等影響。

命宮中有武曲、天府、太陰星

在命宮中有武曲、天府、太陰等財星時。武曲居旺時，其人出生時即有財運，會給家中帶財。其人在性格上擇善固執、講信用、守言諾、做事一板一眼，不會虛迂苟同。天府星是財庫星，從無落陷。因此天府坐命宮的人，就算是命坐卯、酉宮的人，居於得地之位，也會有固定的生財工作，一步一腳印的往上爬，慢慢的積存財物而致家財倉豐的局面。

命宮中有太陰星居旺的人，是一種儲存暗藏的生財方式。你們也多半靠固定的收入，如薪資或出租房地產等業來生財，財運是平順、計算清楚的。並且很會儲蓄存錢。

太陰居陷坐命的人，你們較勞碌、工作是無利、先勤後懶的趨勢。

財帛宮中有武曲、天府、太陰星

在財帛宮中有武曲、天府、太陰等財星時。財帛宮有武曲星的人，定是紫府坐命的人，你們一生有很好的運氣，在財運上並有暴發運，是財富大而享受好的人。財帛宮有天府星的人，定是天相坐命的人。你們是福星坐命，一生錢財順利，通常都有家業，事業不一定做得很大，但都是家財萬貫的富有之人。

在財帛宮中有太陰財星居旺時，你們的命宮中都會有天梁這顆蔭星、貴人星，命宮在『丑』、『卯』宮的人有『陽梁昌祿』格，會從事名利雙收的事業，而財富愈積愈多。

在財帛宮中太陰居陷位時，『陽梁昌祿』格發揮的作用較小，也可參加高普考，做一名小職員，一生安泰。

官祿宮中有武曲、天府、太陰星

在官祿宮中有武曲、天府星、太陰居旺進入時，會因工作的關係帶來很好的金錢運與財富。但對宮（夫妻宮）中有羊陀、火鈴相照時，也會受到戕害而不順利。

在官祿宮有太陰陷落入宮時，你的工作較不具有財運，做起來辛苦，升官的機會也少。例如官祿宮在『巳』宮為太陰陷落的人，你們的命宮在『丑』宮為空宮，財帛宮是太陽、天梁。若是庚年或壬年生的人，會有太陽化祿和天梁化祿，或是辛年生的人有祿存在財帛宮，會形成『陽梁昌祿』格，可靠出名稍有財利，或參加公職考試得到公職的職位，而有一定的薪水，但在升遷上依然無利可圖。金錢運以平順為主。流年走到命宮和官祿宮時，都會錢財不順利。

命宮中有羊、陀、火、鈴

在命宮中有羊、陀、火、鈴的人，在性格上固執、有些偏頗。若羊、陀、火、鈴居旺時，也能夠打拼衝刺、幹勁十足，利於開拓發展事業。而且有火星、鈴星在命宮的人，大多會有偏財運，能暴發財富，未嘗不是一件好事。只有羊、陀、火、鈴居陷位的人，會有脾氣暴躁、性格不穩定，影響人際關係，傷害了賺錢的商機。

財帛宮中有火、鈴、羊、陀

在財帛宮中有火星、鈴星的人，常有突發的財運。若形成『火貪格』、『鈴貪格』的人，則是靠暴發運起家的人了。你們會擁有極大的偏財運，影響你們一生的人生運程。倘若有擎羊星在財帛宮時，金錢常為你帶來煩惱，金錢運也稍有不順，尤其流年、流月走到財帛宮時，煩惱就會展現，也會有為錢財受傷，為錢財起衝突的事件發生。

倘若財帛宮有陀羅星時，金錢運常不順，進財有拖拖拉拉的狀況發生，當流年、流月走到財帛宮時，是非問題讓錢財慢進，也形成你精神上的苦惱。

官祿宮中有羊、陀、火、鈴

在官祿宮中有羊、陀、火、鈴的人，事業上會受到某些衝擊。尤其是有擎羊與陀羅星的人。你們不但在事業上會受到某些牽制，在家庭中，夫妻關係裡也造成一些不順利。在生活上會形成極度忙碌操勞，成果並不是很滿意的情形。

若是火星、鈴星在官祿宮的人，工作的環境和夫妻的關係中，都會出現較火爆的場面，也是辛苦勞碌的狀態。但是火星、鈴星居旺時，事業上會帶來暴發的機會。尤是官祿宮與夫妻宮相互形成『火貪格』、『鈴貪格』時，事業和配偶都是幫助你爆發的原動力。因此你不得不侍候好你的配偶，努力打拼照顧好你的事業。以求暴發運來臨時有更大的發展。否則離婚事件會影響到你爆發的運程。

賺錢智慧王
納音五行姓名學
李虛中命書詳析

此外例如破軍（耗星）、七殺（煞星）、巨門（暗星、隔角煞），這些星在『命、財、官』中也極具影響力。他們同時也是屬於煞星中的角色。

破軍星

當『破軍星』在命宮時，為人個性衝動、喜歡打拼、奮鬥、努力創業，但做事辛勞、身體上常有血光問題、開刀問題，常上醫院，在錢財上常有破耗。本人也喜歡浪費、存錢不易。另一方面，你們也不容易有偏財運，因此要注意開源節流的問題。

當『破軍星』在財帛宮時，破耗更凶了，雖然仍具有努力奮鬥愛打拼的能力，但花費破耗總是大於收入，十分辛苦。例如貪狼坐命的人即是。

當『破軍星』在官祿宮時，你是很會為事業打拼努力的人，對事業上的投資也多。通常你們都是有爆發運的人，一生中事業上的大起大落很明顯。例如七殺、紫殺、廉殺坐命宮的人即是。只有命宮為武殺的人，沒有這個好運，除非是寅時、未時、申時生的人，但偏財運也不算強。

七殺星

當『七殺星』在命宮時，七殺是殺星，但化殺為權，同時在命理上亦稱之為『財星』，必須將軍出戰才能得財，因此你們必須外出打拼，努力奮鬥，才會有好的機緣。同時當『七殺星』在命宮時，其財帛宮都是有『貪狼』這顆好運星，有極大的偏財運、暴發運的機會。例如紫殺坐命的人，其財帛宮就是『武貪格』，必然會因爆發財富，而改變一生的運勢的。

此外像七殺、廉殺坐命的的人，若有火星、鈴星在財帛宮與福德宮相會照，亦是有『火貪格』、『鈴貪格』的人，會暴發旺運，多得財富。

只有武殺坐命的人，因財帛宮中的廉貞、貪狼皆居陷落的位置，縱有火、鈴進入，所爆發的機會較小，所得的錢財也較少。你們做事手腳很勤奮，但『因財被劫』的關係，耗費多，賺錢較辛苦，只要流年平順，財運也是過得去。

『七殺星』在財帛宮時，這些人都是命宮主星有破軍星的人。你們有不怕死、肯奮鬥的精神，但必須外出拼命爭戰才有收獲。因此若靜下來或是在家中開業的人，有靜守的趨勢時，便財運不佳。你們必須要不斷的東奔西跑的動起來，愈動愈有錢。

『七殺星』在官祿宮時，你們是命宮主星有貪狼星的人，例如：貪狼坐命、紫貪坐命、廉貪坐命、武貪坐命的人。其中只有『武曲、貪狼』坐命的人，從商還有機會。其實你們真正適合的行業為軍、警職，會做大官，也有極高的收入。除了廉貪坐命的人，命宮因居陷落的位置，財帛宮有破軍耗星，官祿宮是武殺，工作辛勞、賺錢少、耗財多，金錢運較不佳。

巨門星

當『巨門星』在命宮時，你有敏銳的應答能力，口才極佳，不論是說理與狡辯，你都是一流的能手。但因口舌是非帶來的煩惱也極多，不過你們都能習慣了，而處之泰然。你們的財帛宮都是空宮，若只有極弱的小星，如左輔、右弼、天魁、天鉞出現，常有貴人相助生財，錢運及生活方式只是一般平凡人的架勢而已。若有火星、鈴星入財帛宮，也會形成偏財的形式，但其偏財運是不如『武貪格』、『火貪格』、『鈴貪格』等正格所爆發的大，只是一些小型的偏財運而已。倘若有擎羊、陀羅進入財帛宮時，問題就嚴重了。金錢運不順的狀況突顯，而且時常為金錢煩惱了。

當『巨門星』在財帛宮時，你賺錢的方式會是以口才的運用來賺取的。而且會以是非麻煩、混水摸魚的方式來賺取。也因為在這種環境下，你必須辛苦勞碌，並且賺錢並不多。最多只是一般的富足罷了。因為巨門暗星常在金錢上給你們帶來煩惱。例如太陽坐命

『辰』、『戌』宮的人及天同坐命『卯』、『酉』宮的人即是。

當『巨門星』在官祿宮時，你也是靠口才吃飯的人，但是事業上常有是非麻煩侵入，讓你覺得不順。你一定要克服這個困難，以口舌之利來戰勝它，才會有好的發展。可是像太陽坐命『子』宮的人，本身命宮居陷位，人形光彩盡失，在男人的社會團體中缺乏競爭力，其官祿宮為巨門，又處於辰宮，為陷落的位置，工作上的是非紛擾多，常讓你心神不寧。其財帛宮為空宮，對宮又受機陰的影響起伏不定，因此在財運上力求平穩就是最佳的智慧了。你們是愈老愈有錢，且有家產的人，故而不必擔心。

以上即是在觀看『命、財、官』以斷定自己一生財富時所應注意的事。不過某些人正在唏噓自己財運不多時，我更重複以前說過的話：大運、流年、流月也正是促進你目前賺錢的良機，不要輕易放棄了！

『命好不如大運好，大運好不如流年好，流年好不如流月好，流月好不如當時好。』即是這個意思。『首當其時』才是你真正要掌握的進財時刻。

賺錢智慧王

簡易實用靈卦易學
如何選取喜用神
用偏財運理財致富

如何用偏財運來理財致富

法雲居士⊙著

偏財運會創造人生的奇蹟，
偏財運也會為人生帶來財富，
但『暴起暴落』始終是人生中的夢魘。
如何讓暴發的財富永遠留在你的身邊，
如何用一次接一次的偏財運增高
你的人生格局？
這本『如何用偏財運來理財致富』
就明確的提供了
發財的方法和用偏財運來理財致富
的訣竅，讓你永不後悔，
痛快的過你的人生！

第二章　在你的命格中能知道你想要的錢有多少

財星旺度有不同的等級，會帶來不同的財富。財星與煞星、耗星同宮時，會辛苦勞碌，白忙一場。

命盤宮位裡所具財星進財旺度：

武曲星：是正財星，單星入宮位時，居『辰』、『戌』宮，為居廟地，財運最旺。進財很多。在『卯』、『酉』、『巳』、

「亥」宮居平陷之位，會與七殺、破軍同宮，因財被劫、無財有煞，財運不佳。

天府星：是財庫星。單星入宮位時，在『丑』、『未』宮居廟地，財運最旺。進財最多。在『卯』、『酉』、『巳』、『亥』宮旺度居得地之位，也會進財富足，但較廟地為少，只有居廟地財運的60％。

太陰星：是陰財星。單星入宮位時，在『亥』、『子』、『丑』宮為居廟地，在『酉』、『戌』宮為居旺地。進財較多，此財為暗藏，表示存款較多。太陰在『卯』、『辰』、『巳』宮為居陷地，表示財運不佳。

七殺星：是殺星、將星，亦為財星，是必須辛苦勞動、衝殺戰場的財。

七殺單星入宮位時，在『寅』、『申』、『辰』、『戌』宮為居廟地，辛苦打拚，賺錢很多。在『子』、『午』宮時為居旺地，賺錢也不少。但七殺的財，必須勞動。沒有勞動，此星的財運不會發生影響，變為無用，不會進財。

武府同宮：武曲、天府同宮，是財星和庫星同宮，是一流進財的好運，是極端富有的財運。

廉府同宮：廉貞、天府同宮，是必須經過計劃實行某些事情而得到財運的運氣，因廉府同宮在『辰』、『戌』宮，廉貞為居平，天府居廟地。此財運為：在思想、計劃上稍有不足，但可以人緣加強財運的獲得，而致財運依然很好。

紫府同宮：紫微、天府同宮。紫微是帝座，天府是庫星。紫府在『寅』宮同宮時，紫微居旺地、天府居廟地，為最佳財運模式，所有的財歸於帝王寶庫，財運極佳。

『紫府』在『申』宮時，紫微居旺，天府在得地之位。一切安泰、尊貴、財庫的錢雖多，但稍遜。

賺錢智慧王

貪狼星：貪狼是好運星。單星入宮時，在『辰』、『戌』宮為居廟地、對宮一定有武曲星，可形成『武貪格』，在特定的時間內會突發好運，大進財。在『子』、『午』宮時為居旺位。與火星、鈴星相逢時，會形成『火貪』、『鈴貪』格，會暴發偏財運，突得一筆錢財。貪狼在『寅』、『申』宮時為居平位，也會有好運，但爆發的錢財與機運較前述者為少。貪狼在『巳』、『亥』宮時為陷落，同宮的廉貞星亦為陷落，此財運為：思慮不周詳、人緣也不佳，而致財運很差。

武貪同宮：武曲、貪狼同宮在『丑』、『未』宮，是為『武貪格』，會有暴發運，會在事業、工作上有好機運，多得錢財。在財運上也能有偏財運，而且財運成就很大而多，可以致富。

武相同宮：武曲是財星，天相是福星，武相同宮必在『寅』、『申』宮，此時，武曲居得地之位，天相居廟地，因此以享福為主，財運順利，足夠享福。

機陰同宮：天機善變、太陰是財星。機陰在『寅』宮時，天機居得地之位，太陰居旺位，在變化中得財，財運不錯。機陰在『申』宮時，太陰居平，故而經過變化，財運不是很好，會有一些困難。

同陰同宮：天同是福星，太陰是財星，在『子』宮時，太陰居廟地，天同居旺，是平順享福中而進財很多。此財多為固定收入。在『午』宮時，太陰居平，天同陷落，無法進財，財運很差。

日月同宮：太陽、太陰同宮時，在『丑』宮，太陽居陷地，太陰居廟地。因此財星當道，進財很多，但事業不順利、官運不好，學業不順。在『未』宮時，太陽居得地之位，太陰陷落，名聲好，做事順利，財運不佳。

紫相同宮：紫微、天相同宮時，必在『辰』、『戌』宮，二星均為得地之位。財運順利，為安泰之局。

紫殺同宮：紫微、七殺同宮時，紫微居旺，七殺居平，財運因勞碌而得安泰。

廉殺同宮：廉貞、七殺同宮時，必在『丑』、『未』宮，廉貞居平，七殺居廟地，會因辛苦打拚而財運很好。

財運普通，屬於安泰的星曜：

紫微星：財運好，進財順利、富足，第一品級。

太陽星：居旺時，財運好，富足。（此星在運氣、官運方面較有利。）

天相星：居旺時，財運好，富足。（此星為福星，較安泰。）

天同星：居旺時，財運順利，富足。（此星為福星，較安泰。）

天梁星：居旺時，財運安泰，富足，有貴人相助生財。

紫相同宮：財運順利，安泰。

武相同宮：財運順利，安泰。

廉相同宮：財運順利、安泰。（此二星同宮時，必須運用智慧，否則尚有破耗。）

陽梁同宮：居旺時在『卯』宮，財運安泰。在『酉』宮，財運不順，不主財。

陽巨同宮：在『寅』宮，太陽、巨門皆居旺，因口才得利，此為勞碌後安泰之局，與財運關係不大。在『申』宮，太陽為得地。有先勤後惰之安泰格局，財少。

同梁同宮：此為福星、蔭星同宮，為安泰之局，財少。

機陰同宮：財運有變化。在『寅』宮財運尚好，在『申』宮財運差。

機梁同宮：必須運用智慧而安泰，財的部份少。

紫貪同宮：因人緣佳而有機會，財運順利安泰。

紫破同宮：財運尚可，但有破耗、漏財。

沒有財運成份或財運不佳的星曜：

天機：此星主『變動』、和智慧方面，不屬財，故此星當值，為事物、環境有變化，無財。天機居陷時，財運不佳。

破軍：此星主『破耗』，和積極、衝動、打拚、故此星當值，為破壞、復建工作，無財。破軍居旺位，仍是耗財。破軍居陷位，破財有血光。

廉貞：此星為囚星，主『困』，屬於暗自計劃，有助財運，但本身無財。廉貞居旺，計劃後生財。廉貞居陷位，才智不夠或思想不周全而破財。

太陽：本身不主財、主貴。太陽居陷時，財運更差。

天梁：本身不主財、主『蔭貴』。天梁居陷時，財運更差。

天同：本身不主財，主『享福』。天同居平陷時，勞碌不停，財運更差。

天相：本身不主財，主『安泰』。天相居陷時，勞碌，財不多。

巨門：本身不主財，主『是非』。巨門居旺時，可因口才得利，但仍有是非。巨門陷落時，官非爭鬥，沒有財運。

機巨同宮：天機、巨門同在『卯』、『酉』宮時，皆居旺位。機巨皆不主財，主『聰明、智慧、學問』，故以知識性、教學性、研究性的工作而得舒適，此財為清高的財運，財不多。

同巨同宮：天同為福星，巨門主破耗、是非，兩星在『丑』、『未』宮時同宮俱陷落。兩星皆不主財，此時更為勞碌，喜歡玩耍遊樂的勞碌，是非破耗多。

機梁同宮：天機、天梁皆不主財。在『辰』、『戌』宮同宮時，天機居平陷之位，天梁居廟地之位。會因自做聰明而致事務有變化，再遇貴人相助，把運氣拉回，依然財運不多。

武殺同宮：武曲是財星、七殺是煞星。武殺同宮，為『因財被劫』之格，故財少或無財。財被劫走了，辛苦勞碌後只賺到衣食之祿。

武破同宮：武曲財星，破軍耗星。武破同宮，亦為『因財被劫』之格，故財不多。財被劫走，再加上破耗漏財，財運辛苦，無以復加。

同梁同宮：天同福星，天梁蔭星、貴人星。同梁同宮於『寅』宮時，天同居平、天梁居廟地，為勞碌不停，為貴人相助之局，時運安泰。同梁居『申』宮時，天同居旺、天梁居陷地。為懶惰享福，不願勞動，且沒有貴人相助，財運更差。

是靠天同福星施福而有衣食之祿的。

廉破同宮：廉貞主機謀、智慧、企劃。破軍主行動力、破耗。兩星在『卯』、『酉』宮同宮時，皆居平陷之位。為智謀、計劃很差，大膽、行為怪異、計謀怪異、不惜與石俱焚、冒險犯難、行動力不周密而產生破耗。不但沒有財運而且造成耗財多。不能投資，有血光之災的徵兆。

廉貪同宮：廉貞主『智謀』、貪狼主『機會』、『人緣』。廉貪必在『巳』、『亥』宮同宮，皆居陷落之位。此為智謀、機會、人緣皆不好。因此財運差。年運、月運逢廉貪之位，多半倒債，困頓，財運不濟，是非麻煩不斷。

特殊意義的星曜在財運上的地位

文昌： 文昌主『文』事。文昌居旺時，在『丑』、『巳』、『酉』宮財運安泰。文昌居陷時，在『寅』、『卯』、『午』、『未』、『戌』、『亥』宮，會因智慧平庸、計算錯誤、文件出錯，傷害財運，使其不順利。

文曲： 文曲主『才藝』之事，也主『財』。文曲居旺時，口才好，以『才藝』進財，財運旺盛，官運亨通，錢財尤其多。文曲在『丑』、『卯』、『巳』、『未』、『酉』、『亥』等宮為居旺，在『辰』、『申』宮為居得地之位，有財利可得。文曲在『寅』、『午』、『戌』為陷落，財運不順，口舌是非、言語出錯，須要小心，人緣亦有影響。

火星： 火星屬煞星，但火星與貪狼相逢時，形成『火貪格』。可帶來意外之財富，稱為偏財運。火星在『寅』、『午』、『戌』宮居廟地，在『火貪格』中有旺發趨勢。火星在『丑』、『巳』、『酉』宮為得地，對旺發趨勢有稍弱現象，但依然能爆發，只是錢財稍少而已。火星在『子』、『卯』、『辰』、『未』、『申』、『亥』為居平陷之地。爆發的能力有限，也可能不發，或只有丁點的效益。火星單星入宮居旺，亦有財運；居陷時，有凶災（火災、血光）。

鈴星：鈴星亦為煞星。與貪狼相逢，形成『鈴貪格』，可帶來偏財運，鈴星在『寅』、『丑』、『巳』、『午』、『酉』、『戌』宮，都會有財運暴發之利益。在『子』、『卯』、『辰』、『未』、『申』、『亥』，居平陷，鈴星單星居旺入宮，也會有意外財利，但居陷時，只會帶來凶災（傷災、病災）。

擎羊：擎羊為『刑星』，不論旺弱，皆對財運有傷害，擎羊居旺宮在『丑』、『未』、『辰』、『戌』宮時，對財運有磨難，傷害較小。在『子』、『午』、『卯』、『酉』宮時，無法進財，且有血光之災嚴重。

陀羅：陀羅為『忌』星，不論旺弱，皆對財運有傷害，拖延之勢，陀羅居旺，在『丑』、『未』、『辰』、『戌』宮時，只是有拖延，不能順利進財的困難，還不算嚴重。陀羅居陷，在『寅』、『申』、『巳』、『亥』等宮，進財困難，且有傷災，更是不吉。

左輔：左輔主『善』。在財運方面，算是助星。在十二宮中無失陷之位。故到處降福，可以助財。表示會有男性貴人幫助，財運稍好。但與煞星同宮時，也會助惡，對財運就更有雙倍剋害了。

右弼：右弼主『善』。在財運方面，算是助星。在十二宮中無失陷之位。到處降福，可以助財。表示有女性貴人幫助，財運較好。但與煞星同宮時，亦會助惡，財運也會不順，有雙倍剋害。

天魁：天魁為『天乙貴人』。在『命、財、官』限內為貴人。流年、流月逢之會進財、升官。但有煞星、忌星相沖時，無財可進。

天鉞：天鉞為『玉堂貴人』。在『命、財、官』限內為貴人。流年、流月會進財、升官。但逢煞忌沖破，無財可進。

天馬：天馬主『奔馳』、『勞碌』。與太陰合稱『財馬』，財利大好。與武曲、天相合稱『財印坐馬』，有權有勢有財富。與紫微、七殺合稱『權馬』，掌權而生財。天馬、祿存為『祿馬交馳』，為配偶帶來財運。

天馬不可與劫空、羊陀、火鈴、破軍、貪狼、巨門相逢，不利財運。

天姚：天姚為桃花星，主風流好淫。在運限內財運上主花天酒地，其實不利財運，會在酒色上花費多。

紅鸞：紅鸞為桃花星，主婚嫁喜慶之事。在財運上主投機賭博，不是正財。有煞星同宮相沖，亦無財。

咸池、沐浴：咸池為『桃花煞』。沐浴為『桃花劫』。在財運上，屬花天酒地，財運耗盡，實屬不佳。

※因有許多人把桃花星列入進財的財星，其實這些桃花星在耗財的部份較多，若從事色情、非法行業的人，這些桃花星對其有利。若從事正業的人，桃花星實為耗星，當為不取。特此敬述。

法雲居士⊙著

這本『看人智慧王』是一本為新新人類剛出道找工作、打工、探尋新職場世界的一本書。也是學習人際關係的關鍵書。
看人是一種學問，也是一門藝術，能幫助你找到伯樂來欣賞你這匹千里馬，也能讓你在愛情與事業上兩得意，人際關係一把罩！
掌握看人智慧，能令你一生都一帆風順、好運連連，不會跟錯老闆、用錯人、娶錯老婆。
這本書中有很多可供參考的小撇步，讓你一目瞭然，看人術是現代男女最重要的課題。

說服力包山包海一把罩

法雲居士⊙著

『說服力』是世界上無所不在的攻防武器。同時也是欲『成事』而不能或缺的利器。
自古秦始皇以連衡合縱之說成功的統一中原。現今無論大至聯合國的議題、各區域的戰事，乃至國與國之間的商貿協定，小至商家商賣的競爭力，亦或是家庭間夫妻、父子間之溝通協調，無一不是『說服力』所展現的舞台訣竅。
法雲居士利用紫微命理的形式，教你利用特定時間的特性及『說服力』；包山包海、萬事成功！

第三章　本命帶財的人，本命財有多少

貧窮是一種恥辱，貧窮也是一種痛苦

這是多年前，我聽到一位專家學者的言論。乍聽之下讓人驚鄂，細想之下，才覺得是一針見血。放眼觀天下，那些落後的地區與國家，雖然也得到別人的經濟援助，但是總擁有『未開發國家』、『經濟落後地區』等名稱。那裡的人民被視為『賤民』，絲毫得不到政治上的尊重。我們一般人也是有相同的狀況，因此『向錢看』，幾乎是舉世通行的潮流了。

如何把握賺錢時機，使自己有錢、富有起來，真是一件對『生命』具有特殊意義的事。

如何利用本命與歲運來賺錢

本命指的是原本命宮中所擁有的主星。例如本命是天府星的人，稱做『天府坐命的人』即是。天府就是此人的本命星。

本命為財星坐命居旺時，一生錢財富足，不會為金錢煩惱。當本命財星居平陷之位時，常有金錢不順利的情況。一生中常有年份、月份遇到經濟困難的時刻，想賺錢也賺不到。例如太陰坐命卯宮的人或太陰居『巳』宮的人，及武殺坐命、武破坐命的人，常遇到金錢不順利的時候。這時候，你就必須靠年運、歲運來賺錢了。

歲運就是當歲之運氣。也就是流年的運氣。卯年時，歲運所逢的運氣就是命盤中『卯』宮所坐主星，所主持的運氣。

『辰』年的歲運，就要看命盤中『辰』宮中的主星為何，它就代表了『辰』年的運氣。

首先要確定自己是何種命盤格式的人，（先找出紫微星所在的宮位即可確定。）其次再找自己命宮主星所坐的宮位。繼而檢視十二宮每一宮位的星曜旺度。『子』宮代表的是子年的歲運。『丑』宮代表丑年的歲運。『寅』宮代表寅年的歲運……以此類推。

例如：命盤中

『紫微在子』命盤格式的人

包括有：①紫微在『子』宮坐命的人②命坐『丑』宮為空宮，對宮有同巨相照的人③破軍在『寅』宮坐命的人④坐命『卯』宮為空宮，對宮有『陽梁』相照的人⑤廉府坐命在『辰』宮的人⑥太陰坐命在『巳』宮的人⑦貪狼坐命『午』宮的人⑧同巨坐命『未』宮的人⑨武相坐命『申』宮的人⑩陽梁坐命『酉』宮的人⑪七殺坐命『戌』宮的人⑫天機坐命『亥』宮的人。

上述十二種命格的人，你們在『卯』年走空宮運，有『陽梁』相照的運氣。論財運並不旺但下半年會轉好、轉旺。在辰年走『廉府運程』。是財運富足的一年。虎年的投資，忽然在這一年開花結果。(所謂的投資不但包括錢財，也包括身體力行所付出的心血)。這一年，你們的金錢運富足安泰，且有較多的財富可入庫封藏，在工作上會帶來不錯的收入，讓你有些貪得無厭的愛賺錢打拼。但是家庭中的是非會給你帶來一些困擾。

巳年時，『紫微在子』格式的人走『太陰陷落』的運程。此年的財帛宮為空宮，有同巨相照。福德宮也是同巨，錢的來源與運用都不好，賺錢比較困難，並且此年你在性格上較慵懶，凡事不帶勁。

在與人相處上也產生困難。此年你的遷移宮是天機陷落，表示外緣機會不好，常善變，又愈變愈壞。你所遇到的人、事、物都有不穩定的現象，好事有時候也會古怪詭異的消失了。這一年你和女性家人、女性朋友的關係也非常不好。你本身在情緒上也波動的厲害，多愁善感，常在心裡嘔氣。不過呢，這一年你的官祿宮是陽梁，可形成『陽梁昌祿』格。巳年時，你只有忍耐下心緒，努力去增加一些知識和技能，在財運上力求平穩，以待午年時好運到來，到那時你就可揚眉吐氣了。

午年時，你走『貪狼運』，這是一個非常令人興奮的旺運。午年時你一掃巳年的晦氣感覺，人也變得光彩奪目，外面的世界友好快樂的向你招手，你的人緣好極了，機會也一下子多了起來。你所到之處，人人都對你敬重。巳年時被踩在腳底下的感覺，突然沒有了。這一年你必須好好把握每一個經過你面前的機會。這一年財帛宮是破軍，福德宮是武相，財的來源變好了，只要拚命努力去賺，自己就可享受到豐美的財運。但是要記住走貪狼運的人，也喜歡貪多。機會雖多，也須要選擇，否則抓了太多的機會，消化不了，每件事都碰一碰，卻馬虎的草草了事，做得不夠完美成功，其結果也是空忙一場的喲！

『紫微在丑』命盤格式的人

包括有：①天機坐命『子』宮的人②紫破坐命『丑』宮的人③命坐『寅』宮為空宮，對宮有同梁相照的人④天府坐命『卯』宮的人⑤太陰坐命『辰』宮的人⑥廉貪坐命『巳』宮的人⑦巨門坐命

『午』宮的人⑧天相坐命『未』宮的人⑨同梁坐命『申』宮的人⑩武殺坐命『酉』宮的人⑪太陽坐命『戌』宮的人⑫命坐『亥』宮為空宮，對宮有廉貪相照的人。

上述十二種命格的人，你們在『卯』年時，歲運為天府運，此年財運富足、有餘存，財運不錯，但是辛苦料理業務，有衣食之祿的『財』。在『辰』年時，你們的歲運是太陰陷落。此年財帛宮為天機星。福德宮有巨門，官祿宮有同梁在『申』宮。這一年，你們的錢財會有起伏，也會有是非口舌。但是若運用口才之利可化解是非，及稍微多進點錢財，但是這一年，你們在工作上較不賣力，喜歡忙些休閒活動，因此在錢財上所得較少。

巳年時，你們的歲運是『廉貪俱陷落』的運程。這一年凡事不順，在人緣關係上也非常惡劣。但是巳年的財運反而並不見得壞。

此年財帛宮是紫破，福德宮又是天相。表示你在金錢上的好運仍是不斷的。此年你可以運用一些政治性的手段來賺錢，或者是到公家機關、地位高的場所去努力打拚開拓商機，會有好的機會。這一年工作非常辛苦，你所遇到的人，雖然不會給你好臉色，但仍然會給你錢賺。只要能賺到錢，你就忍耐一下吧！此年你的朋友看起來對你都沒有幫助，外面的運氣又很空茫，但是不熟識的人，反而會給你生意做，更會帶給你錢財的好處。

午年時，你走『巨門居旺運』。這是一個變化很大，吵吵鬧鬧，必須花費很多口舌，頻頻要解決很多是非的運氣。這個運氣不能說不好，也不能說好。只要你不嫌麻煩，把它當做好運，它就會是一個好運氣的流年。在此年你的口才很棒，很能說服人，若是從事推銷行業，此年真是如魚得水了。做民意代表、教師，一切以口才為主的行業，此年都是工作順利愉快的，但是你不要忘了『巨門』有是非紛擾的特性。因口才而引起的混亂、官非問題、輿論的風波也可能讓你承受不了，必須事先有心理準備不可。當然，你更可以利用這些口舌是非的特性，掀起風波，以達到宣傳自己，製造有利於自己賺錢的目的，這也是厲害的一招喔！不過呢，午年時的財帛宮是空宮，除非有祿存進入，會有一點財運。整個的講起來，午年的財運並不強，要等到未年才會有較富足的財運。

『紫微在寅』命盤格式的人

包括有：①破軍坐命『子』宮的人②天機居陷坐命『丑』宮的人③紫府坐命『寅』宮的人④太陰居陷坐命『卯』宮的人⑤貪狼坐

命『辰』宮的人⑥巨門坐命『巳』宮的人⑦廉相坐命『午』宮的人⑧天梁居旺坐命『未』宮的人⑨七殺居廟坐命『申』宮的人⑩天同居平坐命『酉』宮的人⑪武曲居廟坐命『戌』宮的人⑫太陽居陷坐命『亥』宮的人。

上述十二種命格的人，你們在『卯』年時，歲運逢到太陰居陷運。此年你們會內心懶洋洋、提不起勁來。財運也衰弱不順。有時會拮据窮困。不過明年辰年時就會有暴發運的旺運，平心靜氣會有好結果。在『辰』年時，你們的歲運逢到貪狼星，和對宮的武曲，形成『武貪格』。這是一個暴發旺運的流年運，你一定要好好把握。這一年，你外面的環境到處是財，工作上積極又富有變化，愈努力打拼、錢賺得愈多。這一年也是你們很愛投資、花錢的歲運，可是你不要太得意忘形了，因為流年財帛宮裡是破軍星，那是一個小耗子

（小老鼠）正咬破你的錢袋，會讓你漏財呢！等你從暴發運的快樂中清醒後，你會發覺你已浪費了不少的錢財在無謂的事物上，這就是『暴起暴落』的意思了。

巳年時，你們走的是『巨門居旺運』。此年是熱鬧非凡，是非多，必須用口才來賺錢的一年。此年的財帛宮在天機陷落之位。明顯的你就會感覺到此年的財運比去年差很多。因為此年你只想休息一下，不要像去年那麼忙了。去年所爆發的『暴發運』，讓你得到許多的錢財，此年你必須做一個整理、組合。家人和朋友聞風而來向你借貸，也形成一種壓力，也必須要處理。這一年你會結交一些有錢的朋友，但在工作的心態上並不積極。這一年最好是多買一些不動產，把錢存起來，不要亂花掉，因為你在此年運用金錢方面會有不周慮的狀況出現，必須要小心，才不會暴起暴落。此年最好抓住運用口才好的特性，有耐心的解決身旁周遭的事物。

午年時，你們走『廉相運』。這是一種平順的，不想多用腦力費神想事情而只想享福的運氣。經過前一年的紛爭和整理，此年一切都已上軌道，而可以大進錢財了。此年的財帛宮是紫府，是一個倉豐庫滿的極富足的財運。錢財汩汩不停的流入，並且沈澱儲存在自己的口袋財庫中。此年的官祿官是武曲，更和夫妻宮形成『武貪格』，在事業上真是虎虎生風，不停的有好運出現，升官發財，你的事業給你帶來極大的財富，午年真是太好運的一年了。

『紫微在卯』命盤格式的人

包括有：①太陽坐命『子』宮的人②天府坐命『丑』宮的人③機陰坐命『寅』宮的人④紫貪坐命『卯』宮的人⑤巨門坐命『辰』

宮的人⑥天相坐命『巳』宮的人⑦天梁坐命『午』宮的人⑧廉殺坐命『未』宮的人⑨命坐『申』宮為空宮，有機陰相照的人⑩命坐『酉』宮為空宮，有紫貪相照的人⑪天同坐命『戌』宮的人⑫武破坐命『亥』宮的人。

上述十二種命格的人，你們在『卯』年時，你們逢到『紫貪』運。此年是極高的旺運。不但錢財順利，會升官，好事多多。如果有火、鈴同宮或相照的人，還有暴發運及偏財運，可爆發大錢財。此年是人緣機會和財運大旺的一年。在『辰』年時，你們的歲運逢『巨門陷落運』。這一年你們的流年財帛宮是太陽居陷。財運變不好了。但是有化祿、祿存、文昌在本命『命、財、官』四方三合處的人，會有考試、升官運，運氣會稍好一點。這一年，你們的是非糾纏得厲害，凡事不順，要靜守，減少破耗，以等待『巳』年的好運到來。

巳年時，你們的歲運走『天相』運。雖然天相只居得地之位，表示擁有一般平順的舒適運氣。但此年的財帛宮是天府居廟，表示財運非常好，形成一個財庫，而且有錢可儲蓄在裡面。這一年你們在外表上看起來很平和、穩重，不再像去年那樣慌慌張張，焦頭爛額。那是因為財運轉好的關係，但是此年你是比較勞碌的，外面的環境是財少必須很努去用勞力賺取，辛苦的做事才有的錢。只不過運氣不錯，機會很多，所以只要你肯下決心去做，賺也賺不完，通常是走『天相運』的人，都很會做事，也很勤奮，又會理財。因此會儲蓄錢財。

午年時，你們的歲運走『天梁居旺運』，這是非常美好的貴人運，同時也是在升官、名聲、讀書上的旺運。這一年你的財帛宮是天機、太陰。太陰居旺，錢財上雖有變化，但是往好的方面聚集變化的，因此財運也不錯。只不過午年時的財運，應該是有固定的工作，或是由名聲大好，升官加薪所得來的錢財。這一年走的是『陽梁昌祿』的運程，你也可經由考試升等而薪水大增而至富足。未年時，財運更好，巳年、午年、未年一連三年的好運，可以彌補辰年時的運蹇陰霾了。

『紫微在辰』命盤格式的人

包括有：①武府坐命『子』宮的人②日月坐命『丑』宮的人③貪狼坐命『寅』宮的人④機巨坐命『卯』宮的人⑤紫相坐命『辰』宮的人⑥天梁居陷坐命『巳』宮的人⑦七殺坐命『午』宮的人⑧坐

命『未』宮為空宮，有日月相照的人⑨廉貞坐命『申』宮的人⑩坐命『酉』宮為空宮，對宮有機巨相照的人⑪破軍坐命『戌』宮的人⑫天同坐命『亥』宮的人。

上述十二種命格的人，你們在『卯』年逢到『機巨運』，此年你們特別聰明，特別注重知識及科學、技術等的獲得。『機巨運』是高知識水準的旺運。主財的成份較少，但用知識及特殊技能可得財。此年賺的是正財。在『辰』年時，你們逢到『紫相』的歲運，這是萬事太平祥和的吉運，一切事務都會變得輕鬆容易。你們的流年財帛宮為武府，官祿宮為廉貞。這是你們在一輪十二年中最佳的金錢運運運程了。在工作上你們會精心企劃，因此獲得極高的收入。你們必須把握這十二年來頭等的好運機會，在辰年中多創造財富，否則又要再等十二年了。

辰年時，所走的『紫相運』，不但會使自己的地位提高，同時也可掌握住權力。會做主管級的人物。政治人物就可用此運來掌權，同時也就更掌握了發財的機會。倘若命盤中有紫微化權或武曲化權的人，在辰年是真正最富有的人，並且也掌握經濟大權與最大的財運機會，真是風光一世，無人能比的好運了。

巳年時，你們走『天梁陷落』的歲運了，此年顯然運氣差多了。沒有貴人，就失去了很多的機會，心情上也會鬱悶起來。前一年太風光以致此年變得比較難過。不過天梁運雖然居陷，仍然是『陽梁昌祿格』的一環，因此你仍然可利用此年用心讀書，增加學歷和知識上的運氣。以備來年之用。此時，認真的思考前途，檢討以前好運時期沒有做到的事情或被疏忽的事情，是很必要的事。潛心靜氣的修行，說不定也會有小小的升官運。此年的財帛宮是太陽、太陰，太陰還居廟，表示錢財仍是有的，也很富足，只是升官運不強，工作上發展較不順罷了。因此還能儲蓄存錢，並且也可在賺錢方面多用點心思。

午年時，你們的歲運是『七殺運』。表示這一年你們會很打拚，埋頭苦幹的。這一年在錢財上有好的機會。因此流年財帛宮為貪狼居平。賺錢的機會是有，但並不會太多，因此要好好把握才行。不過呢，此年的流年遷移宮是武府，表示在此年中你外面的世界是一個大財庫，雖然機會並不是太多，但隨便抓住幾個就有錢賺了，財運還是不錯的。

『紫微在巳』命盤格式的人

包括有：①同陰坐命『子』宮的人②武貪坐命『丑』宮的人③陽巨坐命『寅』宮的人④天相坐命『卯』宮的人⑤機梁坐命『辰』宮的人⑥紫殺坐命『巳』宮的人⑦坐命『午』宮為空宮，有同陰相照的人⑧坐命『未』宮為空宮，有武貪相照的人⑨坐命『申』宮為空宮，有陽巨相照的人⑩廉破坐命『酉』宮的人⑪坐命『戌』宮為空宮，有機梁相照的人⑫天府坐命『亥』宮的人。

上述十二種命格的人，你們在『卯』年時，逢到天相陷落運，運氣低落，會有災，要小心健康問題，及錢財不順，耗財的事又多的狀況。錢財少較窮困是此年普遍的問題。在『辰』年所走的歲運是『機梁運』，機梁運是運用智慧、巧思而賺取財富的方式。同時也是『機月同梁格』屬於賺取薪資，漸漸儲蓄致富的一種方式，因此機梁運的財是緩慢而少的漸漸積存的錢財。通常機梁是不主財的，只主智慧，才思敏捷，聰明。但可由智慧聰敏而發明物品，或發表學術論文而得財，因此機梁運的財雖是少一點，慢一點，但卻是源遠流長，細水長流的形式。此年的財帛宮是『同陰居廟旺之位』。財運非常好，而且是可以安享的形式。可見智慧財是發定了。

巳年時的歲運走『紫殺運』。一般人都以為『紫殺運』一定是很忙碌，必須很打拚了。這倒不一定。你看七殺居平，而紫微居旺，這是屬於一種心裡很想打拚奮鬥，但身體上並不一定配合的運程。

在走紫殺運時，你會在可得到很高的地位和好運機會時才打拚，你不會盲目的去打拚。因此所用的力氣只是平常的一半。巳年時，你的財帛宮是武貪，正走暴發運，會多得錢財，財運很好。但事業宮卻是廉破，事業呈現不景氣的現象，又非常勞碌，因此你在走紫殺運時是比較喜歡賺錢的，也可以接受承做一些破破爛爛或不太美觀的工作，但卻是賺錢很多的工作。總之，紫殺運給你在錢財上帶來一些突發的財運讓你興奮不已。

午年時，你的歲運是空宮，有同陰相照。此年你的運氣不強，但流年財帛宮是陽巨。在錢財上你仍可利用一些口才的力量，不必用太多大腦的去獲得小康局面的財運。算是不錯的財運了。

『紫微在午』命盤格式的人

包括有：①貪狼坐命『子』宮的人②同巨坐命『丑』宮的人③武相坐命『寅』宮的人④陽梁坐命『卯』宮的人⑤七殺坐命『辰』

宮的人⑥天機坐命『巳』宮的人⑦紫微坐命『午』宮的人⑧坐命『未』宮為空宮，有同巨相照的人⑨破軍坐命『申』宮的人⑩坐命『酉』宮為空宮，有陽梁相照的人⑪廉府坐命『戌』宮的人⑫太陰坐命『亥』宮的人。

上述十二種命格的人，你們在『卯』年時逢到『陽梁』運，此年是旺運，讀書運、考試運、升官運、得獎運都十分強盛。此年貴人運也特強，工作上會遇到貴人提拔相助。你的名聲上揚，因此財運也特佳。更可能得到長輩所賜與的錢財。在『辰』年時會逢到『七殺運』。這是一個埋頭苦幹，拚命打拚的歲運。外面的環境是你的財庫，只要多運用智慧就能賺很多錢。你們的流年財帛宮是貪狼好運星。可見在外面有許多賺錢的好機會正等著你。流年官祿宮是破軍。工作上有許多值得你去打拚的事業。很多人在『七殺運』的年份去創業、開公司，這也是命理時勢所逼的狀況。到了這個運程就會出現這種創業的機會。不過乙年、辛年生的人要小心會有『廉殺羊』的格局，丙年、戊年、壬年生的人有『廉殺陀』的格局，會有血光、性命的災禍，要多防備。

巳年時，你們的歲運是『天機居平』，這是一個弱運的歲運，這一年你們的流年財帛宮是同巨，財運很不好，但是流年遷移宮是太陰居廟，這表示你們會處在一個財運旺、錢財很多的地方，但是賺不到什麼錢。而且在財運上是非多，常有欠債、不順的情況。你們必須忍耐，此年要找固定領薪水的工作，才能平順，把生活開支打平，不過也不必太煩惱工作、財運上的起伏，明年你就會擁有好運了。

午年時，你們走『紫微運』。這是萬事亨通，一切化厄呈祥，

能高高在上，高貴的享福的好運程。此年的財帛宮是武相。金錢運、事業運都非常順利，而且倉豐庫足。午年是一個可以好好賺錢，又能積蓄生財的好年份。並且在此年你會升官、掌權、有地位。更能掌握錢財到你的手中。倘若有武曲化權和武曲化祿在流年財帛宮中，那真是極為主富的一年了。

『紫微在未』命盤格式的人

包括有：①巨門坐命『子』宮的人②天相坐命『丑』宮的人③同梁坐命『寅』宮的人④武殺坐命『卯』宮的人⑤太陽坐命『辰』宮的人⑥坐命『巳』宮為空宮，有廉貪相照的人⑦天機坐命『午』宮的人⑧紫破坐命『未』宮的人⑨坐命『申』宮為空宮，對宮有同梁相照的人⑩天府坐命『酉』宮的人⑪太陰坐命『戌』宮的人⑫廉貪坐命『亥』宮的人。

上述十二種命格的人，你們在『卯』年時逢到『武殺運』。此年為辛苦打拼的一年。一般人辛苦打拼還能有衣食之祿。甲年及庚年生的人，則有『武殺羊』格局，會有財運困難、『因財持刀』、或有殺人、被殺的可能，亦會有車禍喪生的可能，要小心卯、酉時危險時間。在『辰』年時會走『太陽運』的歲運，此運居旺，故金錢運較好轉。流年財帛宮為巨門居旺，流年官祿宮為空宮，有同梁相照。你們會因事業上有貴人相助而金錢運得以舒解。此年中用口才去賺錢，所得的利益大，若有祿星進入流年運程中，形成『陽梁昌祿』格，會因考試、升官而得大財利。但是不可有化忌、羊陀、火、鈴進入『命、財、官』三地，否則仍是沒法進財而有災禍。

巳年時，你們的歲運是『空宮，有廉貪相照的運勢』。此年的年運不佳，但是流年財帛宮是天相居廟。表示財運還不錯，可以平安享福過日子。天相是勤勞的福星，必須勞碌以後才享福祿，因此這一年你在外面環境雖不好，但是仍然肯在事業上打拚，並且一板一眼非常小心謹慎的努力，在金錢問題上也很注意理財，因此財運還是不錯的。這個運氣是靠自己，不是靠別人得來的。

午年時，你們的歲運是『天機居廟』運。這是一個變化多，處處存在機會的運程，而且運程不錯，但是要變、要動才會有好運。

這一年，你的流年財帛宮是同梁，你會比較勞碌，得財不多，而且必須靠長輩貴人給你機會，才能賺到普通程度的金錢，不過你仍然是可過非常舒適的日子的，只是沒有大錢進財罷了。

『紫微在申』命盤格式的人

包括有：①廉相坐命『子』宮的人②天梁坐命『丑』宮的人③七殺坐命『寅』宮的人④天同坐命『卯』宮的人⑤武曲坐命『辰』宮的人⑥太陽坐命『巳』宮的人⑦破軍坐命『午』宮的人⑧天機坐命『未』宮的人⑨紫府坐命『申』宮的人⑩太陰坐命『酉』宮的人⑪貪狼坐命『戌』宮的人⑫巨門坐命『亥』宮的人。

上述十二種命格的人，你們在『卯』年時，逢到『天同運』，今年你會心情穩定，對人貼心，虎年時你辛苦的打拼一年，此年略為放慢腳步，會做一些輕鬆的工作來賺錢。此年的財運很固定，類似薪水的財，或以口才賺取的財。明年是暴發年，且休養生息、靜待人生的高峰來到吧！在『辰』年時，你們會走到『武曲運』的歲

運。武曲財星，會和對宮的貪狼星會成『武貪格』。這是你們會暴發旺運、偏財運的一年，你們必須好好把握。最好先算好流月、流日，緊緊抓住時間上的切合點，才不旺費這七年一次的好運道。

辰年時，也是你們事業上達到高峰點的時刻，不但錢財多，事業也是如日中天，也許一生的財富就靠這一年的旺運了！

巳年時，你們的歲運是『太陽運』，這一年真是風光的日子，去年辰年所爆發的旺運，今年依然持續著。今年是『陽梁昌祿』運程中的一年，名聲、地位繼續增長。巳年的流年財帛宮是天梁居旺，表示由聲名、智慧得來的錢財很多，另一方面又有貴人在財運上相幫助，因此此年是心胸開闊，快樂又富有的一年。

午年時，你所走的歲運是『破軍運』了。這一年，你仍然意氣風發，想要好好打拚一場，因此投資很多。這一年你的行動力很強，做事很決斷，但伏下了敗筆，你不知道『暴起暴落』的陰影已經籠罩過來，仍然氣指意使的大加改革、衝刺、投資，結果此年耗費錢財的事情很多，給未年(羊年)留下了衰運的伏筆。倘若你是『紫微在申』命理格式的人，又在西元一九九一年遇到衰運的人，你就必須覺悟了，**從午年開始便要注意小心，緊守荷包**，不可亂花錢再做投資了，以防未年(羊年)血本無歸。

『紫微在酉』命盤格式的人

包括有：①天梁坐命『子』宮的人②廉殺坐命『丑』宮的人③命坐『寅』宮為空宮，有機陰相照的人④坐命『卯』宮為空宮，有紫貪相照的人⑤天同坐命『辰』宮的人⑥武破坐命『巳』宮的人⑦

太陽坐命『午』宮的人⑧天府坐命『未』宮的人⑨機陰坐命『申』宮的人⑩紫貪坐命『酉』宮的人⑪巨門坐命『戌』宮的人⑫天相坐命『亥』宮的人。

上述十二種命格的人，你們在『卯』年時逢到『空宮運』，因為有紫貪相照，因此只要不是甲年或庚年生、有擎羊在卯、酉宮的人，你們都會有還不錯的旺運。此年財運順利，很會理財。工作上也會有大財利進帳。運氣真好。在『辰』年時，你們的歲運是『天同運』。天同居平，福星受制，再加上對宮的巨門陷落照會，勞碌奔波的情形是顯而易見的了。而且多半為是非口舌奔波勞碌。此年的流年財帛宮是天梁，天梁主名聲不主富，只是面子好看。流年官祿宮是機陰，是事業上多起伏的狀況。這一年勤快一點，做一個有固定薪水可拿的上班族，財運上會穩當一點。

巳年時，你們的歲運是『武破運』，這真是一個窮困賺不到錢又破耗多的運程，此年的流年財帛宮是廉殺。表示在財運上只知道埋頭苦幹，很辛苦，但不用腦子，因此會做些吃力不討好、又辛苦，賺錢又少的工作。巳年，你們的財運不好，花得錢比賺得多，很可能會負債，因此必須節流才行，開源也是很重要的事情。此年的流年遷移宮是天相。表示外在環境平和、有秩序，因此你可努力向外面發展，即使接一些勞苦賺錢少的工作也無所謂，要知道午年時就有大好的運氣了，就把巳年當做黎明前的黑暗吧！

午年時，你們的歲運是『太陽運』居旺。因此在升官，各種運氣上都有直線上升的旺運，但是在金錢運上還沒辦法一下子就衝上高峰。此年流年財帛宮是空宮，有機陰相照。除非有祿存進入空宮，才會有剛合格富足的錢運。否則仍然是變化多，必須再辛苦打拚的狀況。午年，你只要保持平順的財運就好了，一直要到次年、未年時財運才會好，才有餘存。

『紫微在戌』命盤格式的人

包括有：①七殺坐命『子』宮的人②坐命『丑』宮為空宮，對宮有日月相照的人③廉貞坐命『寅』宮的人④坐命『卯』為空宮，對宮有機巨相照的人⑤破軍坐命『辰』宮的人⑥天同坐命『巳』宮的人⑦武府坐命『午』宮的人⑧日月坐命『未』宮的人⑨貪狼坐命『申』宮的人⑩機巨坐命『酉』宮的人⑪紫相坐命『戌』宮的人⑫天梁坐命『亥』宮的人。

上述十二種命格的人，你們在『卯』年時逢到『空宮運』，對宮有機巨相照。此運也適合唸書及學習新知識、技能，或多增加工作技能，以待好時運時，可大展身手。此年的財運不太好，工作運也有起伏，但是你要堅持挺下去，明年就會是開創格局的一年。在『辰』年時歲運逢『破軍運』。這是積極開創新格局，而且不斷在改革與除舊佈新的運勢。你們會創業，也會開發新的賺錢機會。當然同時你們也會除去一些舊的、不想要的東西，造成一些損耗。不過不要緊，此年的流年財帛宮是七殺，流年官祿宮是貪狼星。工作上是無限好運，機會多。錢財只要拚命去付出實行就能獲得很大的財運，豈不是一大樂事？

『巳』年時，你們所走的歲運是『天同運』居廟，這表示此年你有無限好運是天賜福運可以安享的，此年你會循規蹈矩，不做非份的要求，在競爭的行列裡，你是從容緩慢的，不會惡形惡狀的去爭取，看起來有一些懶散和不積極，但實際上這正是時運所致，一切都在平順安和中受到掌握了。天同居廟的運程，人並不一定會懶，但步伐緩慢是一定的。同時也是領固定薪資、有固定所得的一年。此年的財帛宮是空宮，有日月相照，財運不強，但平安可過活。也會有好朋友和你一起開創事業和生活上的新領域。

午年時，你們走『武府運』。這是財運非常旺盛、有錢的流年運。此年的流年財帛宮是廉貞居廟。表示你是精於策劃一些賺錢的事情而致富的。此年的流年官祿宮是紫相，因此午年時，你們在工作上職位增高、名利多得、也很努力的運用智慧、智謀來賺錢，這是你們最聰明、最富有、工作能力也最強的一年了。實際上碰到寅、午、戌年都是你們的旺運年。錢財都可大進。

『紫微在亥』命盤格式的人

包括有：①坐命『子』宮為空宮，有同陰相照的人②坐命『丑』宮為空宮，有武貪相照的人③命坐『寅』宮為空宮，有陽巨相照的人④廉破坐命『卯』宮的人⑤命坐『辰』宮為空宮，有機梁相照的人⑥天府坐命『巳』宮的人⑦同陰坐命『午』宮的人⑧武貪坐命『未』宮的人⑨陽巨坐命『申』宮的人⑩天相坐命『酉』宮的人⑪機梁坐命『戌』宮的人⑫紫殺坐命『亥』宮的人。

上述十二種命格的人，你們在『卯』年時逢到『廉破運』。此年要小心破財、傷災、以及工作不順、失業、或公司破產倒閉的危險。此年你一直衝動的想投資、想發展，但外在環境極差、不允許，因此你還是以衣食之祿的錢財為目標，多忍耐才會平順能過得去。在

『辰』年時運逢空宮，有機梁相照。這一年運不強。流年財帛宮是空宮，流年官祿宮是陽巨在申宮。『命、財、官』三地有兩位是空宮，事業宮的太陽又已偏西，這是極其慵懶的一年，喜歡動口但不喜歡動手做的一年，如何會有好的財運呢？因此這是財運不佳的一年。

巳年時，你們所走的歲運是『天府運』，這是一板一眼、靠努力工作、孜孜不倦的努力，輜銖必較的節省，所達到比較能儲存一點錢財的財運。此年的流年財帛宮是空宮，有武貪相照。倘若空宮中有火星、鈴星進入，就會有暴發財運的機會。倘若有羊陀、空劫進入，財運依然困難的，只能靠自己運用理財技能來打平罷了。因此巳年雖是『天府運』，在財運上只有小康的局面，你是不能對它期望太大的。

午年時，你的歲運是『同陰在午』的運程。這個運程，真是又勞碌、又沒錢、又想輕鬆玩樂，但沒有玩樂的本錢，讓人徒聲感嘆。天同、太陰居於午宮，雙星是居平陷之位，天同福星居陷，因此沒有福力，享不到福，也沒有好運道。太陰居平，沒有財運，故而此運不吉，而且沒有平靜的思緒來促使運程轉好，此時，你是煩悶、喜歡嘔氣的，此年的財帛宮是空宮，沒有財運。生活能平順就不錯了。不過不要太悲觀，因為明年——未年(羊年)就是有暴發運『武貪格』的一年，會一掃你在午年時的鬱悶之氣，在事業上暴發好運，不過在錢財上還是要節制才會有剩餘。

你一輩子有多少財

法雲居士⊙著

這是一本教您如何得知『命中財富』，
來企劃自己命運的書！

有人含金鑰匙出生，

有人終身平淡無奇，

老天爺真的是那麼不公平嗎？

您的命理有多少財？

讓這本書來告訴您！

三分鐘算出紫微斗數

這是一本教您在極短的時間內，
就能快速學到排出紫微斗數的方法，
並且告訴您命盤中的含意。

您很想學『紫微斗數』嗎？

您怕學不好『紫微斗數』嗎？

這本書將喚起您深藏已久的自信心，

為規劃人生跨出基本的第一步！

第四章　賺錢智慧與本命八字有關

命宮是顯示賺錢智慧的地方，同時也是表達思想方式的地方，

從命宮主星可看出個人的思想模式與喜好、處事的態度等型態。也可以看出個人喜歡從事的職業與未來所走的路，以及處理錢財的優劣方法，這對於賺錢與積存財富有極巨大的影響。因此我們可從命宮坐星來看賺錢的方式，也可從命宮坐星找到適合自己的職業。繼而可以從命宮坐星知道自己大運的運程，何時是金錢運最佳的年份，讓我們好好努力，多積蓄賺取一些錢財。何時是金錢運不佳的年份，要減少消耗，不要亂投資、浪費，以防有失，這是不是很奇妙呢？

每個人的賺錢智慧，其實也和本命的八字有關。例如：八字四柱中帶財多的人，他的賺錢智慧就高。所謂『帶財多』，就是八字四柱的年柱、月柱、日柱、時柱中，以日干為主來看各柱干支對應的財星。譬如日主甲木、乙木的『財』是戊土、己土。日主丙火、丁火的『財』是庚金、辛金。日主戊土、己土的『財』是壬水、癸水。日主庚金、辛金的『財』是甲木、乙木。日主壬水、癸水的『財』，是丙火、丁火。再進一步說：日主甲木、乙木的人，只要八字上有戊土、己土，或支上有辰、戌、丑、未及土局，其人就是『帶財多』的人。日主丙火、丁火的人，八字四柱中金多，成金局的人，就是『帶財多』的人。其人自然也俱有極強的賺錢智慧了。

《有關八字帶財的問題請參考法雲居士所著『如何選取喜用神』一書。》

紫微坐命者的賺錢智慧

紫微坐命的人，其財帛宮是武曲、天相，金錢運是平順安穩的獲取。其官祿宮是廉貞、天府二星。在事業上是運用智慧，一板一眼、按步就班的方式去賺錢。做衣食業不錯。你們在命格中也有『陽梁昌祿』格，尤其是命宮在午宮的人，做公務員從官職，會有很大的發展。你們是穩重型的人，很肯努力打拼，但也從不會異想天開的去想非分之財。因此在事業上會有一定的成就。金錢運也始終順暢沒有阻礙。

紫微坐命，命宮中有擎羊星同坐命宮的人，是『奴欺主』格局。你的個性雖還算堅定，處理事務也很乾脆利落，仍然會有紫微單星坐命的人耳根子軟、喜歡猶豫的毛病。你們喜歡思考、態度陰沈，對於追求成功有更直接有力的動作。但你們喜歡計較而且外傷機會多，必須小心。

紫微坐命，命宮中有火星、鈴星同宮的人，你常脾氣急躁、不安定、衝動、容易破壞了原先已計劃好的事情。因為你們的遷移宮中有貪狼星，故而可形成『火貪格』、『鈴貪格』，有極大的偏財運和爆發運，可多得財富。

紫微坐命的人——

適合行業：

與政治相關的行業、公務員、科技產業、衣食業、金融業、房地產、文職、文官，若從軍警業也是會做文職工作。

適合投資的項目：

房地產、古董、珠寶、基金類股票、黃金。命宮中有火星、鈴星的人有偏財運，可做期貨、股票。

大運年歲：

陽男陰女：你們是晚發格局的人，在六十二歲至七十五歲之間，會爆發好運最有錢。

陰男陽女：你們在四十歲以後生活很優渥，到六十二歲至七十五歲之間，會爆發旺運最有錢。

金錢運較佳的年份：

子年、辰年、午年、申年、戌年。

金錢運最差的年份：

命宮在『子』宮的人為巳、亥年。

命宮在『午』宮的人為巳年。

※陽男陰女：陽年生的男子，陰年生的女子。

※陰男陽女：陰年生的男子，陽年生的女子。
※陽年（甲、丙、戊、庚、壬年）、陰年（乙、丁、己、辛、癸年）。

紫府坐命者的賺錢智慧

紫微、天府坐命宮的人，其財帛宮是武曲財星，和福德宮內的貪狼星必會合而成『武貪格』。這是行運每七年就有一次的暴發運。財帛宮又逢暴發格，豈能不富？

紫府坐命的人，對於錢財有敏銳的判斷力，一絲不苟。其官祿宮又為廉貞、天相，是在穩定中求發展的一種力量。因此你們很會利用每一次暴發運所帶給你們的財富繼續坐大，一個層次、一個層次的往上變換，直至億萬富翁也不會停止。

紫府坐命，其財帛宮或福德宮有擎羊、陀羅二星同宮的人，其『武貪』格為破格，依然會擁有爆發運，但有時會爆發得較小，或因爆發運而有傷災，必須小心。

紫府坐命的人——

適合行業：

貿易類（進出口）、五金類、金融業、從商最佳。從軍警職亦會管錢財。

適合投資的項目：

紫府坐命的人雖有偏財運，但不喜歡做賭博性的投資，在這方面，你們非常謹慎。因此會買賣黃金、外幣、珠寶、藝術品、投資房地產、投資工廠，另創事業。

賺錢智慧王

大運年歲：

陽男陰女：在二十二歲至三十五歲之間，你們會爆發好運而致富。

陰男陽女：在四十二歲至五十五歲之間，你們才會爆發偏財運，使財富更壯大。

金錢運較佳的年份：

紫府坐命『寅』宮的人：寅、辰、午、申、戌年。

紫府坐命『申』宮的人：子、丑、寅、辰、巳、申、酉、戌年。

金錢運最差的年份：

命宮在『寅』宮的人為丑、卯、亥年。

命宮在『申』宮的人為未、亥年。

紫貪坐命者的賺錢智慧

紫微、貪狼坐命宮的人，其財帛宮是武曲、破軍。財星與耗星同宮，又都居於平陷的位置，財運實在不好，又有浪費的疏失，情況嚴重。其官祿宮為『廉貞、七殺』，從武職（軍警職）得利。從商會入不敷出，以破產收場。

紫貪坐命的人，才藝多、能力強，又非常會做官、交際能力一流。但因命宮坐在卯、酉宮桃花地，最恐煞星與桃花星來糾纏，影響官運，也會影響到早已不太順利的財運了。

紫貪坐命，若再有火星、鈴星來會或同宮，會形成『火貪格』、『鈴貪格』，也會爆發旺運或偏財運，升官、發財也能快樂一下。不過你們的財帛宮是武破，財運起伏是很大的。

紫貪坐命，有擎羊在命、遷二宮的人，人較惡質且好色，傷災多也要注意丑、未年運程中有『廉殺羊』、『廉殺陀』的格局運程，有性命之憂。

賺錢智慧王

紫貪坐命的人——

適合行業：

軍警職、武官、公教人員。

適合投資的項目：

房地產、股票、期貨（但必須請人管理錢財出入）。

大運年歲：

陽男陰女：二十二歲至五十五歲之間平順，六十二歲至七十五歲之間有偏財運。

陰男陽女：二十二歲至三十五歲之間財運好。六十二歲至七十五歲之間有偏財運，財運較旺。

金錢運較佳的年份：

紫貪坐命『卯』宮的人：丑、寅、卯、巳、午、未、酉、戌年。

紫貪坐命『酉』宮的人：丑、卯、午、未、酉、亥年。

金錢運最差的年份：

命宮在『卯』宮的人為子、辰、申、亥年。

命宮在『酉』宮的人為寅、巳、申、戌年。

紫相坐命者的賺錢智慧

紫微、天相坐命的人，其財帛宮是武曲、天府。財星與庫星同居財帛宮，是金錢運一流的人。你們的官祿宮是廉貞星，是一種運用智慧、企劃努力而得來的財。你們會擁有高收入的職業，再經過你們不斷的思考與精密的計劃之下，財富愈來愈多。你們一生忙碌於工作，『賺錢』就是對你們耗費精神最大的補償代價。

紫相坐命的人，通常在二十幾歲至三十多歲時便會爆發一些好運，找到自己努力的方向，擁有某種程度的財富。此後愈來愈多，終其一生的為財富打拼，是一個至死不悔的人。你們的財富適合存放於銀行中，不適合投資房地產，因為你的田宅宮為空宮，若有六吉星（昌曲、左右、魁鉞）進入尚可。若有煞星進入，破耗變多，實為不吉。因此必須小心。

紫相坐命，命宮中有羊、陀的人，性格陰險、愛計較，而且血光傷災多，會影響賺錢時機。命宮中有火星、鈴星的人，性格急躁，有暴發運，可多得財富。

紫相坐命的人——

適合行業：

與政治相關行業、高科技業、金融業、土木工程建築業、設計企劃等行業。

適合投資的項目：

錢幣、黃金、珠寶、基金類股票、古董。

大運年歲：

陽男陰女：二十二歲至三十五歲開始打拼賺錢。四十二歲至五十五歲財運穩定。

陰男陽女：二十二歲至三十五歲開始爆發好運，擁有財富。四十二歲至五十五歲最富足，成為富翁。

金錢運較佳的年份：

紫相坐命『辰』宮的人：子、丑、寅、辰、午、申、亥年。
紫相坐命『戌』宮的人：子、寅、午、申、酉、戌年。

金錢運最差的年份：

命宮在『辰』宮的人：巳、未、酉年。
命宮在『戌』宮的人：丑、卯、未、亥年。

紫破坐命者的賺錢智慧

紫微、破軍坐命的人，其財帛宮是武曲、七殺星。武曲財星居平之位。殺星當權，故必須辛苦勞碌，不斷的付出體力才能賺到錢。你們的官祿宮是『廉貞、貪狼』居巳、亥宮為陷落之位。所做的工作極為忙碌，做軍警武職較吉，職位普通，不會很高。

紫破坐命的人，一生的運程在『殺、破、狼』格局上，是一個大動盪的運程。你們在性格上較剛直，又常對所處的環境表示不滿意，與人相處常有格格不入的狀況，更增加了人生不安的因素。你們在身體上常有外傷、開刀等情形，必須小心。有羊陀在命宮的人，個性更是剛烈，身體遭傷的情況更嚴重。

紫破坐命的人，命宮在『丑』宮的人，有『日月反背』的情形，在金錢運的運程上較差。命宮在『未』宮的人，『日月居旺』，好運的年頭多，金錢運也較佳。

紫破坐命的人——

適合行業：

軍警職、武官、保全人員、運輸業、船員、搬運業、市場生意、舊貨生意、五金、刀鋪、拆船業、垃圾處理、環保衛生等行業。

適合投資的項目：

新開創的事業。

命宮在『未』宮的人，可投資房地產及錢財存在銀行中。

（紫破坐命的人，錢財上的破耗較多，尤其是命宮在『丑』宮的人，很少有餘錢，因此談不上投資與儲蓄。）

大運年歲：

紫破坐命『丑』宮的人：

陽男陰女：二十二歲至三十五歲是一生中黃金時段。

陰男陽女：一生辛勞，要至六十二歲至七十五歲才有舒適日子。

紫破坐命『未』宮的人：

陽男陰女：二十二歲至四十五歲最有錢，老年時也富足。

賺錢智慧王

陰男陽女：三十二歲至四十五歲生活愜意，財運好。

金錢運較佳的年份：

紫破坐命『丑』宮的人：子、丑、卯、午、未、申年。

紫破坐命『未』宮的人：子、丑、寅、辰、午、未、酉、戌年。

金錢運最差的年份：

為巳年、亥年。

紫殺坐命者的賺錢智慧

紫微、七殺坐命的人，財帛宮是武曲、貪狼，是名符其實的『武貪』格，財運多靠暴發運而來。七年一次的暴發運，每逢丑年、未年爆發，使你的人生充滿了無數的驚奇，人生也是大起大落的格局。

紫殺坐命的人，個性沈穩、做事很勤奮、有堅強的耐力，常願意擔當別人所無法承受的工作。只要你認定此工作是有意義的，便義無反顧的繼續努力，因此很容易成功。你們的官祿宮是廉貞、破軍，皆居平陷的位置。事業上常有破敗、起伏不定的狀況。人生也是不安定，會東奔西走的努力打拼。因此此命格的人，不是從事軍警職，便是辛勤努力的藝術家。你們深知自己擁有暴發運，會獲得錢財，故而對錢財並不是很在意，而願意將精神投注在自己認定的工作上，以求一鳴驚人。

有羊陀在財帛宮的人，要小心所爆發的偏財運較小，或因爆發旺運而帶來的血光之災。若有化忌在財帛宮的人，更要小心因爆發旺運所帶來的是非糾葛。倘若羊陀、化忌都有的人，最好避免爆發運，以免大運、流年、流月三重逢合而有血光、性命之憂。

賺錢智慧王

紫殺坐命的人—

適合行業：

軍警職、武官、保全人員、工地主任、工廠老闆、音樂家、超越現實環境的藝術家等等。

適合投資的項目：

巳、亥、丑、未年可做股市大亨，但謹防年後破產。亦可投資期貨、彩券，會因爆發運而多得錢財。

大運年歲：

陽男陰女：二十二至三十五歲有好運，一生起伏，要等到六十二歲以後才有錢。

陰男陽女：青少年平順，四十二歲至五十五歲之間爆發旺運，而得到很大的財富。

金錢運較佳的年份：

紫殺坐命『巳』宮的人：子、丑、卯、巳、午、未、亥年。

紫殺坐命『亥』宮的人：丑、巳、未、酉、亥年。

金錢運最差的年份：

為卯、酉、戌年。

天機坐命者的賺錢智慧

天機坐命的人，命宮在『子』、『午』宮的人，其財帛宮是天同、天梁。官祿宮是太陰星。命宮在『丑』、『未』宮的人，其財帛宮是天同，其官祿宮是巨門星。命宮在『巳』、『亥』宮的人，其財帛宮是天同、巨門，其官祿宮是空宮。由此可見天機坐命的人，都是『機月同梁』格，屬於做公務員或固定上班族的族群。金錢運也是靠固定的薪水而穩定發展的局勢。

天機坐命的人，命宮在『子』、『午』宮的人，為居旺。但命宮在『子』宮的人，其官祿宮的太陰居陷，所能賺到錢沒有命宮在『午』宮的人多。而命宮在『丑』、未』、『巳』、『亥』宮的人，因命宮居陷位，一生的運程機會不是很好，常有起伏不定的狀況，辛勞較多。所幸你們都有慈愛多金的父母，也會分給你們房地產、財產，一生照顧你們的生活。

天機坐命『丑』、『未』宮的人，在辰、戌年有偏財運、暴發運會帶給你們不少的錢財，但你們一生與房地產無緣，這也是遺憾的事。若再有羊陀或化忌在你們所擁有的『武貪格』中出現，不是爆發的小了，就是因爆發旺運而產生糾紛或血光之災，再生遺恨！

因此不得不小心為是。

天機坐命的人——

適合行業：

文職、公教人員、大公司職員、設計、攝影、記者、文書、出版業、廣告業、科技技術人員、會計人員、動感及變化性大的工作。

適合投資的項目：

你們不適合投資做生意，否則必有敗局。但可投資長期性的股票、基金類股票。命宮在『子』、『午』宮的人，可投資房地產。命宮在『丑』、『未』宮的人，可在財運佳時投資股票、期貨、彩券。

大運年歲：

天機坐命『子』、『午』宮的人：

陽男陰女：三十二歲至四十五歲為最佳。

陰男陽女：五十二歲至六十五歲為最佳。

天機坐命『丑』、『未』宮的人：

陽男陰女：少年運佳，二十二歲至四十五歲爆發財運最有錢。

陰男陽女：三十二歲至四十五歲之間爆發旺運最有錢。

天機坐命『巳』、『亥』宮的人：

陽男陰女：少年運好，要至五十二歲至六十五歲漸富裕。

陰男陽女：三十二歲至四十五歲生活舒適。

金錢運較佳的年份：

天機坐命『子』宮的人：子、丑、卯、未年。

天機坐命『丑』宮的人：寅、辰、午、未、申、戌年。

天機坐命『午』宮的人：丑、寅、辰、午、未、酉、戌年。
天機坐命『巳』宮的人：子、寅、卯、辰、午、戌、亥年。
天機坐命『未』宮的人：子、丑、寅、辰、巳、申、酉、戌、亥年。
天機坐命『亥』宮的人：子、辰、午、申、戌年。

金錢運最差的年份：

命宮在『子』、『午』宮的人：為巳、亥年。
命宮在『丑』、『未』宮的人：為子、丑年或午、未年。
命宮在『巳』、『亥』宮的人：為丑、未年及巳、亥年。

機陰坐命者的賺錢智慧

天機、太陰坐命的人，其財帛宮是天同星，其官祿宮是天梁星。是標準『機月同梁』格的人。因此做公務員、固定的上班族是最佳的出入。你們的命宮坐在寅、申二宮，為四馬之地，驛馬重，愛東奔西跑，一生也是動盪不安，無法在一地久居的人。因此你們雖為公務員，或為薪水階級，也會從事外務、出差多、環境常有變化的工作。

機陰坐命的人，若文昌星與祿星角度好，也很容易形成『陽梁昌祿』格，經過國家考試利於升遷，財運也會不錯。若有羊陀二星在財帛宮或官祿宮內，則對於財運和事業都有傷害。

機陰坐命的人，命宮在『寅』宮的人，太陰居旺，較能儲蓄錢財，**命宮在『申』宮的人**，太陰居平陷之位，得財少，理財能力也不佳。無論如何你們都是不能投資做生意的人，否則必有敗局。有羊陀在命宮的人，更要注意車禍受傷、影響性命的劫數。

機陰坐命的人──

適合行業：

公教人員、記者、大公司職員、科技人員、從軍警職也會做文職方面的工作、運輸業及動感及變化性大的工作。

適合投資的項目：

房地產、外幣、黃金、儲蓄、保險等項目。不適合做股票、期貨。若有火星、鈴星進入卯、酉宮的人，在卯、酉年可得偏財運，亦可做一些股票、期貨，但其他的年份不可。

大運年歲：

機陰坐命『寅』、『申』宮的人：

陽男陰女：青少年時有好運，三十五歲以至五十五歲，財運順利。

陰男陽女：青少年時富足，此後平順為安。有火、鈴在卯、酉宮的人，在五十二歲至六十五歲的大運裡會爆發一些財運。

金錢運較佳的年份：

機陰坐命『寅』宮的人：丑、寅、卯、巳、午、未、酉年。

機陰坐命『申』宮的人：子、丑、卯、午、未、亥年。

金錢運最差的年份：

機陰坐命在『寅』宮的人：子、辰、申、亥年。

機陰坐命在『申』宮的人：寅、辰、巳、申年。

機巨坐命者的賺錢智慧

天機、巨門坐命的人，其財帛宮為天同。官祿宮為空宮，有對宮夫妻宮的日月相照。因此你們也是『機月同梁』格的人，必為公務員或薪水階級的工作者。

機巨坐命的人，多半是家學淵源的人，在命盤的三合地帶也很容易形成『陽梁昌祿』格。你們是知識水準高、研究心強、喜追根究底的人。你們的口才好，也容易有是非，白手起家，多因學術上的成就而從教職。你們是非常好的研究人員，無論是從醫學、科技、電子、機械，各方面的研究學問，你都會做的有聲有色。你們雖然所遇的貴人少，一切靠自己打拼，但在流年運佳時，也會有高收入，讓你們生活舒適，在中年以後會自置不動產，生活富裕。

機巨坐命的人，是智商高、很聰明、才子型的人，在二十幾歲就可能因爆發旺運而有文名。陰年生，命宮坐『卯』宮的人最有可能。

若有火星、鈴星進入『寅』、『申』宮的人，爆發旺運更大。錢財也更多。因為你們的官祿宮始終為空宮，因此你們工作的時間不會很長，多半在五十歲左右便退休了。

機巨坐命的人——

適合行業：

公教人員、大學教授、醫學研究人員、科技研究人員、工程研究人員、文職，即使從軍職也會做研究工作。

適合投資的項目：

不適合做生意。但適合投資科技類長期性股票或做古董、書籍、蒐藏品的投資。

大運年歲：

機巨坐命『卯』、『酉』宮的人：

陽男陰女：青少年富裕，此後終身打拼。

陰男陽女：二十歲左右便有好運，三十二歲以後富有。

金錢運較佳的年份：

機巨坐命『卯』宮的人：子、丑、寅、卯、辰、午、申年。

機巨坐命『酉』宮的人：子、寅、午、申、戌年。

金錢運最差的年份：

巳年或亥年。

機梁坐命者的賺錢智慧

天機、天梁坐命的人，其財帛宮是天同、太陰。其官祿宮為空宮。在命、財、官三方就已見到『機月同梁』格，機梁坐命的人，當然就是做公務員、薪水階級的命了。

機梁坐命的人，天生就有謀略、口才好、善辯。若有化祿、化權、化科在三方四正之地照守的人，有軍師格，可做政府首長的幕僚人員，地位也會很高。若有羊陀、火鈴在命宮照守的人，會自做聰明、心術不正，也不務正業。

機梁坐命的人，都有『武貪格』，會爆發偏財運、旺運。若有火星、鈴星進入『丑』、『未』宮時，爆發偏財旺運更大，財運可多得。因其官祿宮為空宮，事業運並不是很強，你們也很熱衷偏財運的事情，再則你們的朋友運差，容易交上壞朋友來敗財。因此你們對於事業上的打拼，並不是很努力。

機梁坐命的人──

適合行業：

公教人員、幕僚軍師、股票分析師、訓練輔導人員、相命師、大公司職員等職。

適合投資的項目：

在丑、未年適合投資股票、期貨，其他的年份不適合，容易破產。你們也不適合投資房地產，會有虧損。錢財適合儲存在銀行裡。

大運年歲：

機梁坐命『辰』、『戌』宮的人：

陽男陰女：二十歲左右即外出打拼工作，三十二歲至四十五歲之間會爆發偏財運，此後金錢運漸趨不佳。

陰男陽女：青少年生活舒適，三十二歲至四十五歲爆發偏財運，此後財富豐盈。

金錢運較佳的年份：

機梁坐命『辰』宮的人：子、丑、卯、辰、巳、未、亥年。

機梁坐命『戌』宮的人：丑、巳、未、酉、亥年。

金錢運最差的年份：

卯年或酉年。

太陽坐命者的賺錢智慧

太陽坐命的人，命宮在『子』、『午』宮的人，財帛宮是空宮，官祿宮是巨門星。你們在財運上起伏不定，工作環境裡是非很多。唯有用口才賺錢做教職較佳。**命宮在『辰』、『戌』宮的人**，財帛宮是巨門，官祿宮為空宮，也是用口才賺錢較佳的人，做公職較平順。**命宮在『巳』、『亥』宮的人**，財帛宮是天梁，官祿宮是太陰。你們具有『陽梁昌祿』格，參加升等考試，可走官途。同時你們也具有『武貪格』，會爆發偏財運和旺運，不但在職位上大有所獲會升級，在財運上亦能多得錢財，是非常好運的人。命宮在『巳』宮者為居旺，比命宮在『亥』宮居陷落的人，發展更大，錢財更多。

太陽坐命在『戌』、『子』、『亥』宮的人，因居陷落之位，一般在官運上會有不順。在男人的團體中發展受制，光彩盡失，是非常可惜的事。不過你們都是有家產的人，老年時生活富足。

太陽坐命的人，一般在個性上都有開朗的氣質，且性格寬宏，容易原諒別人。命宮中有擎羊、陀羅的人，性格較悶，若太陽又居於陷位，流年、流月走到時，須小心有自殺的後果，這是不得不防的。

太陽坐命的人——

適合行業：文職、武職（軍警）皆吉。

命宮在『子』、『辰』、『戌』宮的人：適合教職、保險經紀、政治人物、助選員等等。

命宮在『巳』、『午』、『亥』宮的人：適合做教職、學術研

賺錢智慧王

究人員，從官途可至高級官員、大企業負責人等職。

適合投資的項目：

房地產及各類不動產。太陽坐命的人，理財能力不佳，因此現金不多，宜投資房地產以保財。

命宮在『巳』、『亥』宮的人，適合投資股票、期貨等。

大運年歲：

太陽坐命『子』、『午』宮的人：

陽男陰女：青少年運好，三十二歲至四十五歲財運最佳。

陰男陽女：幼年生活不順，三十二歲至四十五歲稍好。

太陽坐命『辰』、『戌』宮的人：

陽男陰女：幼年運不佳，五十二歲以後財運漸佳。

陰男陽女：青年、中年平順，要至六十二歲以後財運才好。

太陽坐命『巳』、『亥』宮的人：

陽男陰女：青少年運不佳，至三十二歲以後漸富，五十二歲至六十五歲會爆發偏財運極富。

陰男陽女：二十多歲即可爆發偏財運，愈老愈有錢。

金錢運較佳的年份：

太陽坐命『子』宮的人：丑、卯、巳、未、酉年。

太陽坐命『辰』宮的人：丑、寅、辰、酉、戌年。

太陽坐命『巳』宮的人：子、丑、寅、辰、巳、申、酉、戌年。

太陽坐命『午』宮的人：丑、卯、未、酉、亥年。

太陽坐命『戌』宮的人：子、丑、卯、未年。

太陽坐命『亥』宮的人：寅、辰、午、申、戌年。

金錢運最差的年份：

太陽坐命在『子』、『午』宮的人：為亥年或巳年及申年。

太陽坐命在『辰』、『戌』宮的人：為巳、亥年。

太陽坐命在『巳』、『亥』宮的人：為子、午年或丑、未年。

日月坐命者的賺錢智慧

太陽、太陰坐命的人，其財帛宮為空宮，其官祿宮為天梁陷落。

但若有文昌與祿星（化祿或祿存）在三合地帶出現，你們也是『陽梁昌祿』格的人，利於讀書、考試、學歷較高。只是缺少貴人，一切靠自己而已。

日月坐命的人，具有太陽和太陰的雙重個性，容易舉棋不定，三心兩意，性格上也閃爍、陰晴不定，容易影響事業的成就。你們最可能在學術機構工作，或從事藝術方面的工作。也有從事科技方面或建築工程行業的，但多半是做研究開發、或設計繪圖方面的工作。從文職對你們有利。

日月坐命的人，一生的金錢運不是很強，夠用平順而已，命宮坐『丑』宮的人，太陰居旺，較能儲蓄財富。命宮坐『未』宮的人，則以升官較順利，是名重於利的局面。若有昌曲進入財帛宮時，更是以文名或從事藝術方面的工作而進財。若有羊陀進入財帛宮時，是有名無利清高的文人、藝術家。若有火、鈴進入財帛宮時也能發些小偏財。流年好時也有很好的財運。無論如何你們都是能獲得祖上家產的人，生活是愜意富足的。

日月坐命的人——

適合行業：

文職較吉。從事專門學術研究、教職、公職、藝術界、科技業、建築設計、室內裝潢業、醫學研究等職業都很適合。

適合投資的項目：

房地產、儲蓄、保險儲蓄等。

大運年歲：

日月坐命『丑』、『未』宮的人：

陽男陰女：青少年時即爆發好運揚名，三十二歲至四十五歲最有錢。

陰男陽女：青少年生活富裕，中年運程不佳，五十二歲以後經過詳細計劃，也能爆發旺運，再得財富。

金錢運較佳的年份：

日月坐命『丑』宮的人：子、丑、寅、卯、辰、午、申年。

日月坐命『未』宮的人：子、寅、午、申、酉、戌年。

金錢運最差的年份：

日月坐命『丑』宮的人：巳、未、酉、戌年。

日月坐命『未』宮的人：丑、卯、辰、未、亥年。

陽巨坐命者的賺錢智慧

太陽、巨門坐命的人，其財帛宮是空宮，其官祿宮也是空宮。

倘若有羊陀二星進入此兩空宮的位置，則不論財運或官運都會有不順的狀況產生。還好，你們都是有『武貪格』，會爆發偏財運的人。

在丑、未年會爆發很多的錢財。

陽巨坐命的人，個性豪爽、開朗、人緣甚佳、口才也好，雖是非多一點，但一般來說都是討人喜歡的人。你們一生做事很勤奮努力，可以做一個快樂的上班族。你們喜歡講話，最好的職業以口才為佳，做老師，或選舉時的助選員，人際關係的公關人員最合適，你們喜歡人多的地方好表現。人多的地方也是你們求財最順利的地方。

陽巨坐命在『申』宮的人，會有先勤後懶的情況。四十五歲以後，你們便會懶惰下來，這是非常可惜的事情。

陽巨坐命的人——

適合行業：

老師、選舉助選員、公關人員、保險經紀、公司職訓教導員、稽察訓導人員、房地產銷售員等等。

適合投資的項目：

股票、期貨、房地產（但很辛苦）。

大運年歲：

陽巨坐命『寅』、『申』宮的人：

陽男陰女：三十二至四十五歲極力打拼，財運較佳。

陰男陽女：青少年便擁有旺運、偏財運，至三十二歲至四十五歲更富有，老年時財運差。

金錢運較佳的年份：
陽巨坐命『寅』宮的人：子、丑、巳、未、亥年。
陽巨坐命『申』宮的人：丑、巳、未、酉、亥年。
金錢運最差的年份：
卯年或酉年。

賺錢智慧王

陽梁坐命者的賺錢智慧

太陽、天梁坐命的人，其財帛宮是太陰星，其官祿宮是空宮。若此空宮中有羊陀、火鈴進入時，事業的成就會受到影響。

陽梁坐命的人，基本上你們也是『陽梁昌祿』格的人；命宮在卯宮的人很會唸書，考場順利，從官途又有貴人提攜，前程似錦，財富也多。**命宮在酉宮的人**，因『日月反背』的關係，再加上財帛宮的太陰居陷，奔波勞碌、生活飄盪，財運也不佳。

陽梁坐命的人有豪爽的氣質、喜歡做大事業，小格局的事業是你所看不上眼的。命宮在『卯』宮的人，也真能開創大格局，成為名揚四海、有擔當的達官顯貴或學者。**而命坐『酉』宮的人**，最後只是流於多說少做徒增嘆息的局面了。

陽梁坐命的人，若有火、鈴進入『子』、『午』宮，會成『火貪格』、『鈴貪格』，也會爆發旺運、偏財運，一生的財富不少。

陽梁坐命的人，不論事業的成就如何，你們都是有家產可繼承的人。**命宮在卯宮的人**，更能壯大家產，使房地產更增多。

賺錢智慧王

陽梁坐命的人——

適合行業：

文武職皆吉。做政府官員、公務員、教職、政治人物、公司負責人、軍警首長、慈善或宗教機構負責人、學術機構負責人等等。

適合投資的項目：

房地產、股票、儲蓄、外幣。

大運年歲：

陽梁坐命『卯』、『酉』宮的人：

陽男陰女：三十歲以前打拼努力，三十歲至四十五歲財運最佳。

陰男陽女：幼年生活舒適，三十五歲以後擁有旺運積富。

金錢運較佳的年份：

陽梁坐命『卯』宮的人：子、寅、卯、辰、午、戌、亥年。

陽梁坐命『酉』宮的人：子、辰、午、申、戌年。

金錢運最差的年份：

陽梁坐命『卯』宮的人：丑、巳、未、申年。

陽梁坐命『酉』宮的人：丑、寅、卯、巳、未、亥年。

武曲坐命者的賺錢智慧

武曲坐命的人，其財帛宮為廉貞、天相。其官祿宮為紫微、天府。由此可見武曲坐命的人，多半是以事業為重的人，主要的財運是靠運用智慧，經營事業而取得，是一種平順、安穩的方式。但是你們天生是有『武貪格』暴發運的人，每逢辰、戌年所爆發的旺運讓你們多得錢財。

賺錢智慧王

武曲坐命的人，性格剛直，不喜歡賭博的形式，因此都讓暴發運發揮在事業上。由此再獲錢財會比較長久。若有羊陀在命宮或對宮出現時為破格，暴發運會打折扣，暴發得較少。若有火鈴在命宮或對宮出現，會具雙倍偏財運爆發的能力。但人的個性也較凶悍火爆。武曲與火星同坐命宮的人，也會有外傷多，爆發後『因財被劫』而產生立即暴落的情形。

武曲坐命的人，是財星坐命的人，都是有外柔內剛的本質。你們重言諾、守秩序是一個一絲不苟的人。在商場做生意人，從軍職、做政治人物都能恰如其份的做得好。而且金錢問題上絕對清清楚楚。

武曲坐命的人——

適合行業：

從商、軍警職、政治人物、公司負責人。金融機構主管。

適合投資的項目：

股票、期貨、外幣投資、黃金、珠寶等。可以做房地產買賣，但不可將房地產留做財產，否則會血本無歸。

大運年歲：

陽男陰女：四十二歲至五十五歲才會積富。六十二歲至七十五歲之間會爆發最大財運。

陰男陽女：二十二歲至三十二歲努力打拼，生活舒適。六十二歲至七十五歲之間會爆發最大財運。

金錢運較佳的年份：

武曲坐命『辰』宮的人：子、丑、寅、辰、巳、申、酉、戌年。

武曲坐命『戌』宮的人：寅、辰、午、申、戌年。

金錢運最差的年份：

命宮在『辰』宮的人：為午、未年。

命宮在『戌』宮的人：為子、丑年。

武府坐命者的賺錢智慧

武曲、天府坐命的人，其財帛宮是廉貞星。其官祿宮是紫微、天相。可見其賺錢的方式是一種深謀策劃的方式，而達到高職位、高收入的地位。

武府坐命的人，是財星與庫星同坐命宮的人，又同在旺宮，是一生富足、講究物質生活的人。雖然你們已擁有這麼讓人欽羨的生活享受了，但仍無法滿足，而祈求更多、更好的物質享受。因此你們終其一生都在拼命賺錢，勞心勞力不能放鬆與休息。這也是物質生活所帶來的悲哀。

武府坐命的人，對於賺錢有特殊的敏銳性，精於計算、有數字觀念，做事有條理、一板一眼、信守承諾，是最好的生意人。縱然你再會賺錢，但是子息不多，與配偶之間的關係惡劣，都是影響你每日情緒與人生運程的敗筆。

武府坐命的人，若有羊陀在命宮或遷移宮時，會有『因財被劫』的困擾，在外面辛苦勞碌、賺錢較辛勞，而且血光災禍多。為人也會心情鬱悶、愛計較與吝嗇。若有火、鈴在遷移宮時，在運行寅、午、戌三合局時會爆發小偏財帶血光之事，『爆發』不算佳兆。

賺錢智慧王

武府坐命的人——

適合行業：

生意人、金融業、五金類、房地產買賣、黃金、外幣操作。股票、期貨運作。

適合投資的項目：

房地產、股票、期貨、一切金融類品的投資。

大運年歲：

陽男陰女：二十二歲至三十五歲之間會有好運，四十五歲以後最有錢。

陰男陽女：幼年時生活富裕，青年時打拼，要到四十五歲至五十五歲時，才會因運用智慧、精心策劃而有好運。

金錢運較佳的年份：
武府坐命『子』宮的人：子、丑、寅、辰、午、申、亥年。
武府坐命『午』宮的人：子、寅、午、申、戌年。
金錢運最差的年份：
命宮在『子』宮的人：為巳、未、酉、戌年。
命宮在『午』宮的人：為丑、卯、辰、未、亥年。

武貪坐命者的賺錢智慧

武曲、貪狼坐命的人，其財帛宮是廉貞、破軍。其官祿宮是紫微、七殺。由此可見這本命坐在『武貪格』暴發運上的人，雖是機緣甚佳，但理財能力不好，手邊依然常破敗，沒錢可花用，而且必須辛勤努力去打拼不可。

武貪坐命的人，是正財星與好運星同坐命宮的人，你們也常自恃有好運爆發而對金錢不太計較，有浪費的習慣。你們常在丑、未年爆發好運，而在卯、酉年，流年不濟而生破耗，形成暴起暴落的狀況。

武貪坐命的人，性格堅定、做事勤奮、膽子大、志氣高。做軍、警人員會是大將之材，也必定會有突發之奇遇而功業彪炳。若是做生意人，每逢七年一次的偏財運，也會讓你財富增多，只是中間也會有起伏不定的狀況。若有羊陀和化忌星在命宮的人，容易在爆發後有受傷、血光、官非糾葛等問題出現。大運、流年不佳時，也會有性命之憂。

武貪坐命的人——

適合行業：

軍警業最佳，其次是生意人，做金融業、木材業、出版業、金屬類有關的行業、木類、植物等有關的行業皆可。但要小心卯、酉年會破產。

適合投資的項目：

金融產品、股票、期貨、黃金、珠寶、金屬與木質古董、彩券、房產亦可，但要小心在卯、酉年暴落時會虧本。

大運年歲：

陽男陰女：幼年平順，四十二歲以後擁有財富。

陰男陽女：二十二歲至三十五歲較有錢，此後要等到六十二歲至七十五歲的大運才會發。

金錢運較佳的年份：

武貪坐命『丑』宮的人：子、丑、卯、辰、巳、未、亥年。

武貪坐命『未』宮的人：丑、巳、未、酉、亥年。

金錢運最差的年份：

命宮在『丑』宮的人：為申、酉、戌年。

命宮在『未』宮的人：為寅、卯、辰年。

武相坐命者的賺錢智慧

武曲、天相坐命的人，其財帛宮為廉貞、天府。其官祿宮為紫微。你們是熱愛工作、職位很高，又能運用智慧而得到高收入的人。

武相坐命的人，是財星與福星及印星同坐命宮的人，你們喜歡衣、食上的享受，金錢上的來源好，也是讓你們生活舒適的原因。可是你們也有會浪費的習慣，外面的環境總吸引著你們去花錢，這又是你們不得不勞碌去賺錢的因素了。

武相坐命的人，在子、午年時會有一些好運，若有火星、鈴星進入『子』、『午』宮的人，也會形成『火貪格』、『鈴貪格』爆發財富，事業上也會爆發好運，更上層樓。

武相坐命的人，非常有賺錢的智慧，很多事情只要經過他轉個彎一想，便能有了生財之道。你們也是有『陽梁昌祿』格的人，多讀書，眼界會更大，可賺更多的財富。

武相坐命的人，若有羊陀進入財帛宮或福德宮時，會形成『廉殺羊』、『廉殺陀』的格局，流年運行辰、戌年，生命會有不測、血光災禍發生。須要小心。其人在金錢運上亦會不順利，辛苦勞碌，所得不多，享受不到武相坐命人的物質享受。

武相坐命的人──

適合行業：

衣食業、科技性產業、金融業、公司最高負責人、政府官員、從軍警職也會做官。文職、武職皆吉。

適合投資的項目：

錢幣、外幣操作、現金流通的投資、股票、期貨等。不可投資房地產，必有敗局。

大運年歲：

陽男陰女：四十二歲至四十五歲擁有財富。

陰男陽女：二十三歲以後開始走好運，財富漸積，終能致富。

金錢運較佳的年份：

武相坐命『寅』宮的人：子、寅、卯、辰、午、戌、亥年。

武相坐命『申』宮的人：子、辰、午、申、戌年。

金錢運最差的年份：

命宮在『寅』宮的人：丑、巳、未、申年。

命宮在『申』宮的人：丑、寅、卯、巳、未、亥年。

武殺坐命者的賺錢智慧

武曲、七殺坐命的人，其財帛宮為廉貞、貪狼，皆居陷位。其官祿宮為紫微、破軍。你們所從事的行業，很忙碌，但收入不豐厚，是忙中見貴人的格局。愈忙碌打拼職位愈高。

武殺坐命的人，因命宮中之正財星居平陷之位，而七殺這顆將星必須辛苦打拼才能生財，因此這也成了你們一生的寫照。你們的個性沈穩、外直內剛，做事勤奮、好勝心強、喜歡硬拼、不愛說話，是個沈默苦幹型的人。但因為如此，也比較吃虧，常是最辛苦、也最吃力不討好的工作會輪到你們做，而且又賺不到什麼錢。但是你們仍會咬緊牙根、奮力以赴。在工作上容易受傷，遭到血光之災。

命宮中有羊陀、化忌同宮的人，常因錢財的問題與人爭執、受傷或因錢財問題憤而自殺。這都是『因財被劫』的關係。財帛宮中有羊陀、化忌的人，會事非法行業，錢財也不順利。官祿宮有羊陀、化忌的人，事業運差，也會因事業帶來傷災，而無法工作。

武殺坐命的人——

適合行業：

軍警職與金屬刀劍有關的行業、保全人員、監獄中執法人員、屠宰業、鋼鐵業、汽車買賣業、放款業務、計程車業、運輸業。

赚錢智慧王

適合投資的項目：

不適合做生意，因為錢財的來源與流動都不好，適合投資鐵工廠、兵工廠、煉鋼廠、造船廠、汽車修理廠和此類性質的股票、和保險等。

大運年歲：

陽男陰女：一生打拼，要到六十二歲以後漸富裕。

陰男陽女：青少年平順，中年較差，要到六十二歲以後才富裕。

金錢運較佳的年份：

武殺坐命『卯』宮的人：丑、寅、辰、午、未、申、酉、戌年。

武殺坐命『酉』宮的人：子、丑、卯、午、未年。

金錢運最差的年份：

命宮在『卯』宮的人：卯、巳、亥年。

命宮在『酉』宮的人：寅、巳、戌、亥年。

武破坐命坐命者的賺錢智慧

武曲、破軍坐命的人，其財帛宮是廉貞、七殺。其官祿宮是紫微、貪狼。其賺錢的方式是非常辛勤，要用比別人辛苦十倍的力氣去工作，則可擁有高職位和大權勢及名聲。

武破坐命的人，財星、耗星都居陷之位。本命中之財不多，又都被劫財了，故而辛苦異常。你們在身體上也常出現傷災。尤其在財帛宮的廉貞、七殺，若再會同擎羊、陀羅，而形成『廉殺羊』、『廉殺陀』格局時最凶，因財受傷、喪命的事情就會發生。我們常看到有一些特技演員、為高的價碼挺而走險，就是這種命格。若有火鈴進入『卯』、『酉』宮的人，則會在事業上爆發旺運，可賺到大筆錢財。

賺錢智慧王

武破坐命的人，個性爽直、強硬愛冒險、天不怕、地不怕、膽子很大。你們的福德宮是天府。在經過冒險刺激之後，喜歡盡情的享受，因此錢財很難留住，經濟狀況不太穩定。

武破坐命的人——

適合行業：

軍警人員、政治人物、特技演員、游擊隊員、情報人員、玻璃帷幕清洗工作、安全人員、敢死隊員、市場、夜市買賣。

適合投資的項目：

有火鈴在卯、酉宮的人，可投資股票、期貨、彩券。其他的人沒有偏財運，投資後會血本無歸。可投資黃金、珠寶、銀行儲蓄等。你們的田宅宮不穩定，投資房地產會有敗局。

賺錢智慧王

大運年歲：

陽男陰女：二十二歲至三十二歲生活富裕，較有錢。

陰男陽女：一生辛勞，至六十二歲以後生活較安定舒適。

金錢運較佳的年份：

武破坐命『巳』宮的人：丑、卯、未、酉、戌、亥年。

武破坐命『亥』宮的人：丑、寅、卯、巳、未、酉、戌年。

金錢運最差的年份：

命宮在『巳』宮的人：寅、巳、申年。

命宮在『亥』宮的人：子、辰、申、亥年。

天同坐命者的賺錢智慧

天同坐命的人，其財帛宮、官祿宮會有三種狀況。天同坐命『卯』、『酉』宮的人，其財帛宮是巨門，宮祿宮是天機在丑、未宮居陷。天同坐命『辰』、『戌』宮的人，其財帛是天梁，其官祿宮是天機、太陰。天同坐命『巳』、『亥』宮的人，其財帛宮是空宮，有太陽、太陰相照，官祿宮為天機、巨門。由此可見天同坐命的人，其財帛宮中沒有財星，官祿宮中也沒有財星，在賺錢的方式上，是重名不重利的方式，因此在獲得財富上，只能算是生活平順小康局面罷了。

天同坐命的人，是福星坐命，多半是安享的狀態，工作上沒有衝勁，人太溫和、謙讓、缺乏競爭力。若命宮中或對宮有羊陀、火鈴同宮或相照的人，較能激奮。但是也容易流於黑道邪教。**天同坐命，若有化權、化祿、化科入命宮的人**，事業上較有成就，財祿也會好一點。

天同坐命的人──

適合行業：

文職、文官、公務員、薪水階級。命宮中有化權、化祿的人可做生意，以貿易業為主。

適合投資的項目：

儲蓄、黃金、珠寶。天同坐命『卯』、『酉』宮的人，和命格中有『火貪格』、『鈴貪格』的人，可做股票、期貨、彩券。只有天同坐命『辰』、『戌』宮的人可以投資房地產，其他的人都與房地產無緣，會有破耗。

大運年歲：

天同坐命『卯』、『酉』宮的人

陽男陰女：青少年舒適、中年運差，要到五十二歲以後漸有財富。

陰男陽女：一生辛勞，要至五十二歲以後爆發好運而發財。

天同坐命『辰』、『戌』宮的人

陽男陰女：少年運差，三十二歲以後財富漸積。

陰男陽女：一生辛勞，五十二歲以後穩定。

天同坐命『巳』、『亥』宮的人

陽男陰女：幼年生活富裕，三十二歲至四十五歲有好運，六十二歲以後有財富。

陰男陽女：一生辛勞，七十二歲才能享福。

金錢運較佳的年份：

天同坐命『卯』宮的人：子、丑、寅、辰、巳、申、酉、戌年。

天同坐命『辰』宮的人：丑、卯、未、酉、戌、亥年。

天同坐命『巳』宮的人：子、寅、午、申、戌年。

天同坐命『酉』宮的人：寅、辰、午、申、戌年。

天同坐命『戌』宮的人：丑、寅、卯、巳、未、酉年。

天同坐命『亥』宮的人：子、丑、寅、辰、午、申、亥年。

金錢運最差的年份：

天同坐命『卯』宮的人：為午、未年。

天同坐命『辰』宮的人：為寅、巳、戌年。

天同坐命『巳』宮的人：為丑、卯、辰、亥年。

天同坐命『酉』宮的人：為子、丑、卯、亥年。
天同坐命『戌』宮的人：為子、辰、申、亥年。
天同坐命『亥』宮的人：為巳、未、酉、戌年。

同陰坐命者的賺錢智慧

天同、太陰坐命的人，其財帛宮是空宮，其官祿宮是天機、天梁。你們是福星與財星坐命的人。命宮在『子』宮的人，為居旺，較有錢。命宮在『午』宮的人，財星陷落，財富較少，若有擎羊星同宮，為『馬頭帶箭』格，從軍警職，努力奮鬥可至高官，也可享厚祿。你們在財運上的共通點是：運用智慧、經歷來賺錢。

同陰坐命的人，同時也是『機月同梁』格的標準型態。你們會

從公職或固定上班族來求財。此命格的人，有很多是做政府官員，或是做醫師的人。你們一生有多次暴發運，每逢丑、未年便爆發一次。你們在本業上會以名聲響亮來賺錢，生活富裕，財富不少。

同陰坐命的人，本性溫厚儒雅、學歷高、知識程度較高，雖然一生是非多一點，但終能完成自己的人生目標。

同陰坐命的人，田宅宮是天相陷落，子女宮是廉貞、破軍。兩相對照，可知你是個家宅不寧的人，因此最好不要投資房地產，若有少量的祖產繼承則可，否則流年不佳時會敗落。

同陰坐命的人——

適合行業：

文職、文官、高科技人才、醫師、中醫師、金融機構、銀行職員、會計人員。命宮在『午』宮有擎羊星同宮的人，任軍職可做將軍。

適合投資的項目：

儲蓄、股票、期貨、外幣操作、金融商品、彩券等，以及古董、珠寶。

大運年歲：

陽男陰女：青少年即爆發好運，五十二歲以後擁有財富。

陰男陽女：二十歲以前生活優渥，中年辛勞運差，五十二歲以後爆發旺運，而得財富。

金錢運較佳的年份：

同陰坐命『子』宮的人：子、丑、卯、巳、未、亥年。

同陰坐命『午』宮的人：丑、巳、未、酉、亥年。

金錢運最差的年份：

同陰坐命『子』宮的人：申、酉、戌年。

同陰坐命『午』宮的人：子、寅、卯、辰、午年。

同巨坐命者的賺錢智慧

天同、巨門坐命的人，其財帛宮是空宮、其官祿宮是天機陷落。你們是福星與暗星同坐命宮的人，暗星對福星造成損耗，因此你們一生較辛勞，金錢運不怎麼好，事業也是一段一段的連接不起來，無法長期工作，進財當然有困難了。

同巨坐命的人，受福星的影響，愛享福，喜歡遊樂玩耍，休閒活動比什麼都重要。受暗星的影響，一生是非口舌多，而造成做事做了一半便心灰意冷打退堂鼓，沒有堅定的意志去完成它。因此你們多半是靠家人做經濟來源，例如父母、配偶給你們錢來花用。本身無法去打拼賺錢。

同巨坐命的人，若在財帛宮裡進入火星、鈴星的話，倒是常有偏財運，可發些小財。倘若進入的是擎羊、陀羅，則一生財運不佳，且有因錢財生氣，憤而自殺的狀況了。

同巨坐命的人，你們的田宅宮有七殺星，能繼承祖產，只要努力打拼，也能自置房屋。倘若田宅宮裡有擎羊、陀羅星的人，則沒有此福氣了，而且要小心流年不利時，因和子女宮的廉貞星形成『廉殺羊』、『廉殺陀』的惡局，在家中會遭遇血光而喪生。因此辰、戌年是你們的劫殺之年，要小心！

同巨坐命的人──

適合行業：

一切臨時性的工作、計時領薪的工作。輕鬆的用口才講一講便能拿錢的工作。

適合投資的項目：

房地產、保險。有火鈴在財帛宮的人，可做股票、期貨、彩券。

大運年歲：

陽男陰女：青少年生活舒適，中年運差，要到五十二歲以後較好。

陰男陽女：青少年有好運，中年富裕，晚年清苦。

金錢運較佳的年份：

同巨坐命『丑』宮的人：子、寅、卯、辰、午、戌、亥年。

同巨坐命『未』宮的人：子、辰、午、申、戌年。

金錢運最差的年份：

同巨坐命『丑』宮的人：丑、巳、未、申、酉年。

同巨坐命『未』宮的人：丑、寅、卯、巳、未、亥年。

同梁坐命者的賺錢智慧

天同、天梁坐命的人，其財帛宮是太陰星。其官祿宮是天機星。可見你們是從事變化多端的工作，才能得到錢財的人。

同梁坐命的人，是福星與蔭星(貴人星)坐命的人。坐命『寅』宮的人較好，因為福星居平陷，貴人星居廟旺，比較勤勞、肯努力，又有長輩貴人相助，是一個人見人愛，人緣甚佳，討人喜歡的人，適合做服務他人的行業。命宮在『申』宮的人，福星居旺，貴人星陷落，只知道享福，又沒有貴人幫忙照顧，事業能力較差，況且財帛宮中的太陰財星也居陷位，因此是個喜愛遊蕩，沒有固定工作的人。

同梁坐命的人，沒有偏財運，即使有火、鈴進入巳、亥宮，也因為你的好運星貪狼和廉貞同居巳、亥宮為陷位的關係，沒有爆發的力量。縱能獲得一些小錢，也是微乎其微的。

同梁坐命的人，命宮中有羊陀、火鈴同宮的人，是外表溫和，內心急躁的人，做事沒有耐心，粗心大意，也容易和黑道掛勾。你們喜歡交朋友，三教九流都有，喜歡結交有權勢、有地位的人，在不分黑白情況下，容易走歧途。

賺錢智慧王

同梁坐命的人——

適合行業：

服務業、餐飲業、旅館業、公司職員、公關人員、保險經紀、房地產買賣業、仲介業。

適合投資的項目：

儲蓄、買保險、黃金、政府債券、基金型股票。不可投資房地產，必有敗局。

大運年歲：

陽男陰女：一生辛勞，四十二歲以後轉好，五十二歲以後富裕。

陰男陽女：一生辛勞，命宮在『寅』的人，四十二歲以後發富。命宮在『申』宮的人，五十二歲以後發富。

金錢運較佳的年份：

同梁坐命『寅』宮的人：丑、寅、辰、午、未、酉、戌年。

同梁坐命『申』宮的人：子、丑、卯、未年。

金錢運最差的年份：

同梁坐命『寅』宮的人：子、卯、巳、申、亥年。

同梁坐命『申』宮的人：寅、辰、巳、酉、戌、亥年。

廉貞坐命者的賺錢智慧

廉貞坐命的人，其財帛宮為紫微、天相。其官祿宮為武曲、天府。你們是擁有高職位與高收入的人。財星與庫星同坐官祿宮皆居旺宮。由此可見，因職業上的關係所帶來的收入極為豐厚。

廉貞坐命的人，是一個態度沈穩，很有心思，企劃周密的人。你們對每一件事情必立下企劃書、行事表而後努力去實行。你們有堅定的意志，做事又很勤奮，想不成功也難了！

廉貞坐命的人，有一個壞毛病，總是把自己弄得很忙，就連休假時是一樣，匆匆忙忙的沒法子真正休息。你們是一個精神緊張無法放鬆自己的人，深怕一離開工作場所，便會變天似的。

一般來說，廉貞坐命的人所賺的是正財，是本業辛勤努力所得到的財富。在寅、申年會有一點好運，但不會很大。若有火星、鈴星進入命宮遷移宮時，會成『火貪格』、『鈴貪格』，就具有爆發運了，財富可多得。但命宮中有火鈴的人，會心狠手辣。若是命宮中有『廉、火（鈴）』、『廉、火（鈴）、陀』的人，容易傷殘或夭折。至此就談不上財運了。

廉貞坐命的人—

適合行業：

軍警職、政治人物、生意人、科技性人員、工程人員、政府官員、公職佳。(要小心官非)。

適合投資的項目：

房地產、黃金、珠寶、外幣、政府債券、金融產品等。有偏財運的人，可投資股票、期貨、彩券。

大運年歲：

陽男陰女：幼年辛苦，四十二歲以後發富，財產多。

陰男陽女：幼年辛苦，四十二歲以後財運順暢。

金錢運較佳的年份：

廉貞坐命『寅』宮的人：子、寅、午、申、戌年。

廉貞坐命『申』宮的人：子、丑、寅、辰、午、申、亥年。

金錢運最差的年份：

廉貞坐命『寅』宮的人：丑、卯、辰、未、亥年。

廉貞坐命『申』宮的人：巳、未、酉、戌年。

廉府坐命者的賺錢智慧

廉貞、天府坐命的人，其財帛宮是紫微。其官祿是武曲、天相。你們賺錢的方式是在平順中，按步就班，財運始終都很好的情況下，扶搖直上。

廉府坐命的，是沈穩不愛多說話的人，你們的交際手腕很好，很會用心思攏絡人。又喜歡把心事藏在心底不向任何人透露，在內心裡做很多計劃，選擇天時、地利、人和的時候實行，因此你們在工作上較不易遇到困擾麻煩。官祿宮又坐著武曲財星、和天相福星，兩相協助下，由工作中自然的得財豐厚。

廉府坐命的人，對於財富是永遠不滿足的人，你們一生辛勞，常以物質享受來彌補精神上的欠缺感，物質生活上雖然已超越了一般人，但是你們永遠不滿足。可以說是一個祈求太多的人。

廉府坐命的人，最恐有羊陀在命宮或遷移宮中出現，會形成『廉殺羊』、『廉殺陀』的惡格局，流年、流月逢到，會有血光和性命之憂。若有火、鈴在命宮，遷移宮出現也不好，為人陰狠狡滑，傷災連連，會有傷殘的後果。

廉府坐命的人，若有火、鈴進入子、午宮的人，會成『紫火貪』、『紫鈴貪』格，子、午年逢到有極大的暴發運，會獲得一筆很大的財富。

廉府坐命的人—

適合行業：

軍警職、政治人物、政府官員、高科技研究員、工程研究員、金融機構、會計人員、生意人。

適合投資的項目：

不適合投資房地產，否則是非太多，無法收拾。適合儲蓄、投資政府債券、外幣操作、股票長期持有、黃金、珠寶等。

大運年歲：

陽男陰女：幼年生活舒適，二十二歲至三十五歲有好運，四十二歲以後財運富足。

陰男陽女：青少年運差，四十二歲以後錢財富足。

金錢運較佳的年份：

廉府坐命『辰』宮的人：子、辰、午、申、戌年。

廉府坐命『戌』宮的人：子、寅、辰、午、戌、亥年。

金錢運最差的年份：

廉府坐命『辰』宮的人：為丑、寅、卯、巳、未、亥年。

廉府坐命『戌』宮的人：為丑、巳、未、申、酉年。

廉貪坐命者的賺錢智慧

廉貞、貪狼坐命的人，其財帛宮是紫微、破軍。其官祿宮是武曲、七殺。因為廉貪坐命，其命宮必坐巳、亥宮，是陷落的位置。

廉貞是囚星，貪狼是禍福主，兩者皆居陷落時，一生的運氣不太好，常惹官非。

廉貪坐命的人，是個口直心快，講話不好聽，意見又多的人。天生愛幻想，沒有主見，說得多，做得少，只會放馬後炮，因此別人也不會太注重你的言論。逢流年運行巳、亥年時，人緣也不太好。

從廉貪坐命人的官祿宮來看，你們是做軍警職的最佳人選。必須極力打拼，才會有戰功的人。如果能按步就班的往上爬，也能有不錯的收入。但是你們的破耗多，有天生浪費的習慣，錢財不容易留住。若不從軍警職，而在一般公司中工作，將會沒有發展。而且，太輕鬆的工作，也沒有法子多進錢財。

廉貪坐命的人，都是桃花太多的命格，你們特別容易招惹桃花是非。

若有陀羅星在命宮的人為『風流彩杖』格，是個好色之徒。有擎羊星在官祿官的人，不但事業有中途受阻的情形，婚姻也會中途有困難，而且流年、流月逢到時，會有血光、性命之憂。

廉貪坐命的人——

適合行業：

軍警職、保安人員、情報人員、工程監工人員、監獄戒護人員、房地產仲介、職業仲介等等。

適合投資的項目：

放款業務（其實你們的錢財不穩定，花的比賺得多，因此談不上投資）。

大運年歲：

陽男陰女：二十二歲以前運不佳。二十二歲以後生活平順。

陰男陽女：二十二歲以後生活較富裕。

金錢運較佳的年份：

廉貪坐命『巳』宮的人：子、丑、卯、未、申年。

廉貪坐命『亥』宮的人：丑、寅、辰、午、未、酉、戌年。

金錢運最差的年份：

廉貪坐命『巳』宮的人：寅、辰、巳、午、酉、戌、亥年。

廉貪坐命『亥』宮的人：子、卯、巳、申、亥年。

廉相坐命者的賺錢智慧

廉貞、天相坐命的人，其財帛宮是紫微、天府。其官祿宮是武曲星，又逢『武貪格』。這是一種靠努力工作而爆發好運得財富的命格。你們的財運是令人稱羨一流的好。

廉相坐命的人，是穩重踏實、一板眼、負責任、話少、態度十分嚴謹的人。你們的外表與工作態度很讓人敬重放心。只要命宮裡沒有羊陀、火鈴來沖破的人，都會有一帆風順，青雲直上的事業，高職位、高收入不在話下。此命格的人，很多是在金融界銀行中任高級主管的人，也有做主任醫師級以上工作的人。因此你們實屬於高級的公務人員或管理人員。

廉相坐命的人，倘若有擎羊在命宮的人，是『刑囚夾印』格局，是非多，人也較邪惡，不正派，身體多傷。若再有火鈴在命宮的人，多是殘疾之人。

廉相坐命的人，因遷移宮是破軍，最怕有文昌、文曲在遷移宮中，或在命宮中互相對照。如此一來，整個的命局變了，成了破敗祖業，賺了再多的錢也終是窮困的格局。事業再發達，手邊經過的錢財再多，也是過路財神，自己本身也不會有錢了。

廉相坐命的人──

適合行業：

公務員、薪水階級、銀行主管、企管人才、醫生、高科技人才、公司負責人、軍警職中管理財務人員。

適合投資的項目：

股票、期貨、債券、彩券、黃金、外幣操作、一切金融產品。(房地產比較不適宜。)

大運年歲：

陽男陰女：二十二歲開始打拼、四十二歲以後爆發運而獲得財富。

陰男陽女：二十二歲以後開始暴發財運，而成一富翁。

金錢運較佳的年份：

廉相坐命『子』宮的人：子、丑、寅、辰、巳、申、酉、戌年。

廉相坐命『午』宮的人：寅、辰、午、申、戌年。

金錢運最差的年份：

廉相坐命『子』宮的人：午、未年。

廉相坐命『午』宮的人：子、丑、卯、亥年。

廉殺坐命者的賺錢智慧

廉貞、七殺坐命的人，其財帛宮是紫微、貪狼。其官祿宮是武曲、破軍。你們的賺錢方式非常辛苦，而賺不到很多的錢。而你們多半是靠守住家業，才能蒸蒸日上，而有發展的人。

廉殺坐命的人，是個性堅定，能吃苦耐勞，做事勤奮有衝勁的人。庚年、壬年、癸年生的人，有『陽梁昌祿』格，利於讀書考試，你們的學歷也較高，事業上的發展也大。你們基本上都是重名不重利的人，因為事實上你們從工作事業上能獲的財利太少，實不足你們身懷家財的九牛一毛。但是你們仍然兢兢業業的工作，實屬難能可貴。

廉殺坐命的人，倘若在官祿宮中有文昌、文曲星時，你們雖然可在文藝圈、或文職工作上打拼，但是會因工作的關係而賠錢，或因職務的關係而散家財，這是必須要小心的事。若有火星、鈴星進入財帛宮，也會有偏財運，可多得財富。

廉殺坐命的人，最害怕的就是有『廉殺羊』、『廉殺陀』的格

局，不論羊陀是在遷移宮、命宮、亦或是財帛宮、官祿宮，都會有直沖、刑沖的問題產生。流年、流月要份外小心，有血光、喪命之憂。

廉殺坐命的人──

適合行業：

軍警職、公務員、薪水階級、銀行職員、音樂家、畫家、作家、外科醫生、律師、牙科醫生、會計師等等。

適合投資的項目：

房地產、黃金、政府債券、長期股票持有、外幣等。若有火鈴進入財帛宮、福德宮的人，有偏財運，可操作股票、期貨、彩券。

大運年歲：

陽男陰女：中年以前運不好，五十二歲以後積富。

陰男陽女：幼年運好，生活舒適，四十二歲以後有好運擁有財富。

金錢運較佳的年份：

廉殺坐命「丑」宮的人：丑、寅、卯、午、未、酉、亥年。

廉殺坐命「未」宮的人：丑、寅、卯、巳、午、未、酉年。

金錢運最差的年份：

廉殺坐命「丑」宮的人：寅、巳、申、戌年。

廉殺坐命「未」宮的人：子、辰、申、亥年。

廉破坐命者的賺錢智慧

廉貞、破軍坐命的人，其財帛宮是紫微、七殺。其官祿宮是武曲、貪狼。可見你們是靠在工作上突發好運而升官發財的人。你們的工作非常辛苦，一定要靠打拼，才能獲得好的收入。倘若不勞碌的去做，就賺不到錢。

廉破坐命的人，個性陰沈，不喜歡說話。為人衝動，開口說話就會給人很狂妄很酷的感覺。你們是白手起家，一切靠自己努力打拼的人。非常有理想，也有志氣，因此不願屈居人之下。命宮中有化祿星的人，會在金融機構上班。尤其是官祿宮中有『武貪格』再加化祿的人，會在傳播界工作，也會得職務之便，而帶來財富。若官祿宮中有化權、化祿雙星的人，更是在政界、公職為官，權傾一時，是個不得了的人。

廉破坐命的人，有個隱憂，就是在卯、酉年容易有暴落的情形，實為可惜。若有羊、陀、火鈴在命宮四方三合處，此人只會做公門胥吏，一個小官罷了，或是只擁有巧藝之人。倘若有文昌、文曲在命宮或對宮時，一生辛勞，所獲不多，有名無利，而成為一寒士。

廉破坐命的人—

適合行業：

軍警職、財經機構、傳播界、廣告界、政界、公職為官、特殊技術人員。

適合投資的項目：

房地產、股票、期貨、彩券。

大運年歲：

陽男陰女：二十二歲以後開始順利富裕，三十二歲以後爆發財運發富。

陰男陽女：中年以前運不好，中年以後打拼漸富裕。

金錢運較佳的年份：
廉破坐命『卯』宮的人：丑、巳、未、酉、亥年。
廉破坐命『酉』宮的人：子、丑、卯、辰、巳、未、亥年。
金錢運最差的年份：
廉破坐命『卯』宮的人：子、寅、卯、辰、午、申、戌年。
廉破坐命『酉』宮的人：申、酉、戌年。

天府坐命者的賺錢智慧

天府坐命的人，其財帛宮為空宮，其官祿宮為天相星。因命宮所坐的宮位不同，而產生不同的賺錢型態，所得的財祿也不一樣。

天府星是財庫星，凡一切的財都需納入庫中，才算完成任務。

因此天府坐命的人，很會存錢，又會計較，天性使然。你們理財能力很好，為人精明。大致上還算保守厚道，個性溫和，只是計較自己該得的部份，不會與人爭強鬥狠。你們很喜歡物質享受，希望別人把錢都存在你這裡。在親戚、朋友中，你簡直算是個小型的銀行，也具備銀行的特質，喜進不喜出的毛病。別人若要向你借貸，必須經過重重的思考，盤問原由，才會借給他，態度可真夠謹慎的了。

天府坐命「丑」、「未」宮的人，有日月相夾，若再有祿星、權星和日月一起相夾，是財官雙美的格局。權勢大，財富多，令人稱羨。命宮在『丑』宮的人為最佳。但是你們的田宅宮是巨門居陷，會因房地產帶來是非糾紛，與房地產緣份不佳。雖能守祖業而發達，但是因家族內爭奪家產而產生的糾紛不斷，讓你煩惱。

天府坐命「卯」、「酉」宮的人，你們的財帛宮有廉貪陷落相照，手邊能運用的現金很少，本身對於錢財的享受也不多。命宮中有祿存的人，更是小氣吝嗇。你們會拚命賺錢，再把錢投入房地產中，你們的僕役宮很好，更有人幫助你們賺錢生財，於是你的房地產價值超乎尋常的大。是真正吝嗇的『小氣財神』。

天府坐命「巳」、「亥」宮的人，你們的財帛宮有武貪相照，這是『武貪格』暴發運的格局。官祿宮是天相陷落。在工作職位上常起伏不定並且很勞碌，職位也不太高，但是你們會因暴發運多得錢財。你們的個性拘謹、保守，很會理財，做公教職也可漸積蓄成為一富翁。此命局的人，最怕羊陀、火鈴入命宮或在命、財、官三合處駐守，火鈴逢財帛宮，雖會帶來更大的暴發運和偏財運，但其人會是奸鄙小人不行善事。若有化忌、在『武貪格』中出現，則會因爆發好運而帶來災禍，不如不發為妙。

天府坐命的人——

適合行業：

公教人員、文職為佳。金融機構、財務人員、股票操作員、期貨操作員、企管人員、財經官員、理財專家等職。

適合投資的項目：

銀行儲蓄、政府債券、外幣投資、長期性股票投資、房地產投資（命宮在『丑』、『未』宮的人不適合）、黃金買賣。

命宮在『巳』、『亥』宮的人，適合操作股票、期貨、彩券。

大運年歲：

天府坐命『丑』、『未』宮的人：

陽男陰女：幼年生活舒適，二十二歲至四十五歲有好運。

陰男陽女：三十五歲以前生活較辛苦，以後生活漸富裕。

天府坐命『卯』、『酉』宮的人：

陽男陰女：幼年生活舒適，二十二歲至三十五歲運不好，以後漸佳。

陰男陽女：幼年平順，二十二歲至三十五歲打拚努力財運好。

天府坐命『巳』、『亥』宮的人：

陽男陰女：幼年生活舒適，二十二歲至三十五歲之間爆發旺運而發富。

陰男陽女：一生辛勞，四十二歲至五十五歲之間爆發旺運，漸有財富。

金錢運較佳的年份：

天府坐命『丑』宮的人：丑、寅、卯、巳、未、酉年。

天府坐命『卯』宮的人：子、丑、卯、未年。

天府坐命『巳』宮的人：丑、巳、未、酉、亥年。

天府坐命『未』宮的人：子、丑、卯、午、未、酉、亥年。

天府坐命『酉』宮的人：丑、寅、辰、未、申、酉、戌年。

天府坐命『亥』宮的人：子、丑、卯、辰、巳、未、亥年。

金錢運最差的年份：

天府坐命『丑』宮的人：為子、辰、申、戌、亥年。

天府坐命『卯』宮的人：為寅、辰、巳、午、酉、戌、亥年。

天府坐命『巳』宮的人：為子、寅、卯、辰、午、戌年。

天府坐命『未』宮的人：為寅、辰、巳、申、戌年。

天府坐命『酉』宮的人：為卯、巳、亥年。

天府坐命『亥』宮的人：為午、申、酉、戌年。

太陰坐命者的賺錢智慧

太陰坐命的人，命宮會坐在『卯』、『酉』、『辰』、『戌』、『巳』、『亥』宮。每一種格局都會有不同的財運與事業。太陰坐命的人是『機月同梁』格的基本型態。是做公務員或薪水階級為主的人。太陰是月亮，屬陰，又為妻宿，又是財星。在『酉』、『戌』、『亥』三宮為廟旺之地。在『卯』、『辰』、『巳』三宮為落陷。財星居旺時，一生過得較富裕。財星落陷時，生活較苦，錢財較少。

太陰坐命『卯』、『酉』宮的人，其財帛宮是太陽。官祿宮是天梁。坐命『卯』宮的人，命宮落陷，太陽也落陷，一生的財運不好，賺錢不會很多。但是你們在事業上倒是有貴人相助，比較會有名聲。命宮有文曲星的人，會以算命為業。**命宮在『酉』宮的人**，命宮居旺，財帛宮也居旺，再加上官祿宮的天梁（貴人星），是財多富饒，名利雙收的人。你們也會具有『陽梁昌祿』格，有高的學歷和經歷來賺大錢。太陰坐命『卯』、『酉』宮的人，在命格中還具有『武貪格』暴發運，但在人生的機緣各有不同，財運的多得、少得也各有造化了。

太陰坐命『辰』、『戌』宮的人，其財帛宮是天機星，其官祿宮是天同、天梁，你們賺錢的方式是白手生財，勞心費力的方式，例如做服務業，在餐廳、旅館中做事起家，經過長期的辛苦努力而有成就。**太陰坐命『戌』宮的人，**財星居旺，賺的錢較多，人也比較勤快。**命宮在『辰』宮的人，**是『日月反背』的格局，其官祿宮中的天同福星居旺，天梁貴人星陷落，以固定領薪的上班族為佳，否則金錢運呈現不穩定的狀況。

太陰坐命的『巳』、『亥』宮的人，其財帛宮是空宮，有天同、巨門相照會。官祿宮是太陽、天梁。你們在金錢上常有是非。賺錢時比較辛苦勞碌。你們有『陽梁昌祿』格，有考試運，可獲得穩定的公職或大公司的好職位。**坐命『巳』宮的人，**有『日月反背』的現象，會先勤後懶，沒法子持續努力，這也是財少、成就較差的原因。**命宮在『亥』宮**，又有化權或化祿在命宮的人，精於財務，機會也較好，是財產較多的人。

太陰坐命的人，對於錢財都有其共通點，你們喜歡儲蓄、藏私房錢，錢財是屬於一種暗藏的形式，是陰財。因此存錢的方式也以買房地產最合適。其他如搜藏古董、名畫、珠寶、錢幣、郵票、以及特殊的搜藏品都可能是致富的法寶。

太陰坐命的人進財方式是一種緩慢的、漸進的方式。錢財汩汩流進，因此千萬急不得，急也沒有用。只有命宮在『卯』、『酉』宮的人所爆發的偏財運、旺運會讓你們錢財大進大出。

太陰坐命的人，命宮中有羊、陀、火、鈴的人，個性急躁，對錢財有傷，本身的傷災也很多。財運不是很好，縱居旺位，也要打折扣。太陰坐命加羊、陀的人，是內心性格沈悶，喜歡把事情藏在心底、個性又十分衝動的人，流年不利時會自殺、想不開，結束生命，同時也結束了賺取財富的企機。

太陰坐命的人——

適合行業：

公職人員、薪水階級、教師、會計人員、金融業、房地產、古董買賣、文職、出版業、文化業、演員、藝人、餐飲業、旅館業、遊樂事業、旅遊業等等。

命宮在『卯』、『酉』宮的人，可做股票、期貨、彩券。

適合投資的項目：

房地產、銀行儲蓄、買保險、黃金、古董、珠寶、長期性股票、政府、公司債券。

大運年歲：

命宮在『卯』、『酉』宮的人：

陽男陰女：二十二歲以前即有暴發運，一生平順。

陰男陽女：少年運好，二十歲至四十五歲運不好，五十二歲至六十五歲之間會有暴發運，獲得財富。

命宮在『辰』、『戌』宮的人：

陽男陰女：幼年運差，生活較苦，二十二歲以後漸平順舒適。

陰男陽女：青少年生活富裕，三十二歲以後賺到錢財。

命宮在『巳』、『亥』宮的人：

陽男陰女：青少年有好運，三十二歲以後財富較多。

陰男陽女：青少年生活舒適，中年勞碌，五十二歲以後財運好，財富多。

金錢運較佳的年份：

太陰坐命『卯』宮的人：寅、辰、午、申、戌年。
太陰坐命『辰』宮的人：子、丑、卯、未年。
太陰坐命『巳』宮的人：子、辰、午、申、戌年。
太陰坐命『酉』宮的人：子、丑、寅、辰、巳、申、酉、戌年。
太陰坐命『戌』宮的人：丑、寅、午、未、酉、戌年。
太陰坐命『亥』宮的人：子、寅、卯、辰、午、戌、亥年。

金錢運最差的年份：

太陰坐命『卯』宮的人：子、丑、卯、亥年。
太陰坐命『辰』宮的人：寅、辰、巳、申、酉、戌、亥年。
太陰坐命『巳』宮的人：丑、寅、卯、巳、未、亥年。
太陰坐命『酉』宮的人：午、未年。
太陰坐命『戌』宮的人：子、卯、巳、亥年。
太陰坐命『亥』宮的人：丑、巳、未、申、酉年。

貪狼坐命者的賺錢智慧

貪狼坐命的人，雖然命宮有宮位的不同，而其財帛宮都是破軍星，官祿宮都是七殺星。『命、財、官』三格形成『殺、破、狼』的格局。在人生的過程裡是多變，又富刺激性的脈動方式。而貪狼星是好運星，在殺、破、狼三足鼎立之下，是呈吉運的最佳運點，而其他兩個運點都有血光、破耗之嫌。

由貪狼坐命的人『命、財、官』三合局觀之可知，你們是一種奮力打拚賺錢，耗財、浪費也很多的趨勢。

貪狼坐命的人，命宮宮位不同，必須依其遷移宮所坐命星，來斷定其一生機緣。以所遇到環境的不同，可知其是主貴、或是主富。

命宮在「子」、「午」宮的人，命宮對宮（遷移宮）坐星為紫微星。你所處的環境是舒適、順利、地位高、權勢大的環境，自然你也是以『主貴』主，會讓自己的名聲響亮。而且你們有完整的『陽梁昌祿』格，有考試運和做國家高級公務員，從官職的命格。你們會在外面努力打拚，一切好運連連，容易擁有權勢，是真正以貴取富的人。也會得到父母所給的家產。

命宮在「寅」、「申」宮的人，其命宮對宮主星是廉貞星，為一精於計謀，卻沒有貴人運的人，升官較困難，多從商，財運較好。你們田宅宮中的天梁星居陷落的位置，得不到祖上留下的家產，或是得到的極少。

命宮在「辰」、「戌」宮的人，為一暴發格的人，命宮對宮主星為武曲財星。你們不論是從商或做軍警職，都會因功業彪炳而發大財富。但是也要注意暴起暴落的情形，人生是大起大落的形勢。

賺錢智慧王

貪狼坐命的人，性格急、速度快，想到什麼就立刻去做。做不通就立刻放棄，轉變方向，這是錢財容易耗損的原因。

命宮中有羊、陀二星的人，性格較陰險狡滑、外傷多，也影響好運的發生。命宮中有火、鈴的人，更是快速促成暴發運的正果。一生會因多次暴發運而發達發財。但是起落也很快速。這是你必須注意到的事。

貪狼坐命的人，命格中有化權、化祿星的人，更利於旺運的暴發與掌握。有化權星的人，不但個性強悍，做事果斷，具有將才，是以貴取富的人。有化祿星的人，不但錢財上常出現好運，多增財富，在性格上也比較油滑，討人喜歡。

命宮中有化忌星的人，在臉上、身體上會有疤痕或有問題而影響心理。也會在好運發生時產生是非糾紛。

命宮對宮有化科星出現的人，其人較溫文儒雅，工作環境也是文化氣質較高的地方。其人在文藝界、出版界工作的機率較高。但是命宮中有文昌、文曲出現的人，則是政事顛倒、是非不清的人了。

貪狼坐命的人——

適合行業：

軍警界、文藝界、出版界、投資公司、證券公司、教育界、貿易公司、植物、花藝等公司、木材業、運輸業、保險業等。

適合投資的項目：

股票操作、期貨操作、房地產買賣、彩券等。

大運年歲：

貪狼坐命『子』、『午』宮的人：

陽男陰女：二十二歲以後運好富足。

陰男陽女：二十二歲至三十五歲運用智慧得財，中年運差，六十二歲以後財運好。

貪狼坐命『寅』、『申』宮的人：

陽男陰女：二十二歲以後財運好，有財富。

陰男陽女：青少年富裕，二十二歲至三十二歲發富最有錢。

貪狼坐命『辰』、『戌』宮的人：

陽男陰女：一生辛勞努力，六十二歲以後爆發旺運，獲得財運。

陰男陽女：二十二歲至三十五歲財運好，中年運不佳，六十二歲以後爆發旺運，獲得財富。

金錢運較佳的年份：

貪狼坐命『子』宮的人：子、寅、卯、辰、午、戌、亥年。

貪狼坐命『寅』宮的人：子、丑、寅、卯、辰、午、申、亥年。
貪狼坐命『辰』宮的人：寅、辰、午、申、戌年。
貪狼坐命『午』宮的人：子、辰、午、申、戌年。
貪狼坐命『申』宮的人：子、寅、午、申、酉、戌年。
貪狼坐命『戌』宮的人：子、丑、寅、辰、巳、申、酉、戌年。

金錢運最差的年份：

貪狼坐命『子』宮的人：丑、巳、未、申、酉年。
貪狼坐命『寅』宮的人：巳、未、酉、戌年。
貪狼坐命『辰』宮的人：子、丑、卯、亥年。
貪狼坐命『午』宮的人：丑、寅、卯、巳、未、亥年。
貪狼坐命『申』宮的人：丑、卯、辰、未、亥年。
貪狼坐命『戌』宮的人：午、未、亥年。

巨門坐命者的賺錢智慧

巨門坐命的人，因命宮宮位不同，其財帛宮與官祿宮的坐星也不同。

巨門坐命「子」、「午」宮的人，其財帛宮是空宮，有天同、天梁相照，其官祿宮是太陽星。你們在工作上會很勞碌，必須做東奔西跑的工作，才能夠賺到錢，做服務業、推廣性的業務對你們有利，命宮在『子』宮的人，日月居旺，得財較多，人比較勤快勞碌。命宮在『午』宮的人，是屬於『日月反背』的格局，先勤後惰，得財較少。

巨門坐命「辰」、「戌」宮的人，其財帛宮是太陽，其官祿宮是空宮，有天機、太陰相照。你們的工作會呈現一段一段的狀況，不能長期的工作。你們多會靠配偶或家人來供給財源。你們擁有『陽梁昌祿』格，多讀書，可走貴格，做教職甚佳。命宮在『辰』宮的人，金錢運不順暢，須靠配偶、父母供養。命宮在『戌』宮的人，會因配偶或父母給你財產而富有。

巨門坐命『巳』、『亥』宮的人，其財帛宮是天機陷落，其官祿宮是天同星。你們的命格是『機月同梁』與『武貪格』的混合體，做公職或固定的上班族，每隔七年有一次暴發運，讓你們升官發財。你們適合做民意代表，競選公職。這樣暴發運也會幫助你們競選得利。

巨門坐命的人，是必須以口才來賺錢的人，你們的口才好，也喜歡說話，愛好口腹之慾，常以此來攏絡人。坐命『子』、『午』、『巳』、『亥』宮為旺宮，以口才可創造好的成就，做教師、民意代表都是以口才得利的最佳途徑。命宮在『辰』、『戌』宮的人，為居落陷的位置，是非口舌嚴重，常自找麻煩，反反覆覆，幸虧對宮是陷落的福星天同，讓你只是白忙一場，勞碌辛苦一下。

巨門坐命的人，最怕巨、火、羊同宮，會有自縊、自殺的後果。也怕有化忌星同宮，如此會有雙倍的是非糾纏，也會讓你頭腦不清，整日胡攪和，沒法子走正道、做正業、做大事。對財富的賺取，有實際努力上的困難。

巨門坐命的人，若有化權星坐命宮時，你是一個說話有份量、有權威的人，你要善加利用這個優點，在和人談判，或談價錢，或調解紛爭時都是最佳利器，別人會信服你。**若有化祿星在命宮的人，你是講話較油滑，很會利用口才之利來佔便宜的人**，別人也說不過你。

巨門坐命的人──

適合行業：

軍警職、公職、上班族、業務人員、銷售人員、推銷人員、保險經紀、汽車經銷、民意代表、教師、導遊人員、解說員、助選員、證券業務員、房地產銷售員、談判人員、法律人員、律師、法官等等。

適合投資的項目：

適合投資保險、政府債券、黃金、珠寶等。投資房地產將會很辛苦，但仍能獲財。

命宮在『巳』、『亥』宮的人，可投資股票、期貨、彩券。

大運年歲：

巨門坐命『子』、『午』宮的人：

陽男陰女：三十歲以前生活平順，中年打拚，晚年享福。

陰男陽女：二十歲以前運不好，以後順暢、舒適。

巨門坐命『辰』、『戌』宮的人：

陽男陰女：青少年生活舒適，中年以後勞碌不停。

陰男陽女：命宮居『辰』宮的人，二十歲以前運好，中年富足，四十五歲以後運差。命宮居『戌』宮的人，二十二歲三十五歲運程多變，三十五歲至五十二享福、財運好。

巨門坐命『巳』、『亥』宮的人：

陽男陰女：一生順利，五十二歲至六十五歲之間爆發旺運而得財富。

陰男陽女：二十五歲以前有好運，三十五歲至四十五歲富足，此後勞碌運蹇。

金錢運較佳的年份：

巨門坐命『子』宮的人：丑、寅、辰、午、未、酉、戌年。

巨門坐命「辰」宮的人：丑、寅、卯、巳、未、酉年。
巨門坐命「巳」宮的人：寅、辰、午、申、戌年。
巨門坐命「午」宮的人：子、丑、卯、未、申年。
巨門坐命「戌」宮的人：丑、卯、午、未、酉、亥年。
巨門坐命「亥」宮的人：子、丑、寅、辰、巳、申、酉、戌年。

金錢運最差的年份：

巨門坐命「子」宮的人：為子、卯、巳、申、亥年。
巨門坐命「辰」宮的人：為子、辰、申、亥年。
巨門坐命「巳」宮的人：為子、丑、卯、巳、未、亥年。
巨門坐命「午」宮的人：為寅、辰、巳、申、酉、戌、亥年。
巨門坐命「戌」宮的人：為寅、巳、申、戌年。
巨門坐命「亥」宮的人：為午、未、亥年。

天相坐命者的賺錢智慧

天相坐命的人，其財帛宮都是天府星，就像手邊擁有財庫一般，因此有富足愜意的生活，無怪乎天相星也是福星了。

天相坐命「丑」、「未」宮的人，其官祿宮為空宮，有廉貞、貪狼相照，廉貪又居陷位，可見其職位很低，但是賺錢卻不少，這多是藍領階級、工程、機械人員的命格。你們有固定高收入的職務，生活穩定。命宮在『丑』宮的人房地產尤其多。命宮在『未』宮的人，也會擁有很多房地產，中晚年以後慢慢減少。

天相坐命坐命在「卯」、「酉」宮的人，其官祿宮是空宮，有武曲、貪狼相照，你們是有『武貪格』爆發在事業上的人，做軍警職會有立戰功的機會，升官發財易如反掌。就是做生意人，你們也會爆發偏運，多得錢財。但此命格要小心『卯』、『酉』年的暴起暴落，人生也是起落分明的格式。

天相坐命「巳」、「亥」宮的人，其官祿宮也是空宮，有紫微、貪狼來相照，這是具有高職位、大權勢的格局。在你們的命局裡有『陽梁昌祿』格和『機月同梁』格的組合體，因此利於高學歷的獲得和考試進等，也有利於升官的貴人運，因此你們的財富是由高職位的官職，或做大企業的主管，擁有高薪而得來的。

天相坐命的人，個性溫和、保守，做事勤奮負責，對人不愛計較，是個好好先生，這是你們的優點。但是命宮中有擎羊、陀羅進入的人，在性格上就有些相反了。你們是外表溫和、內心愛計較的人，也容易衝動，做事陰滑，你們在身上常會遭傷，也容易因為性格、感情衝動的關係，造成人事上的問題，而影響前程和進財。有火星、鈴星在命宮的人，容易發生殘疾事故。

天相坐命的人，不喜命宮對宮有化忌星出現，有廉貞化忌時，會有官非不斷的現象，有武曲化忌時，財運不順，且因錢財之事多生是非糾葛，非常麻煩。

天相坐命的人，在『命、財、官』三宮有祿存星進入的時候，更能幫助你儲存財富，但也會影響你的個性，成為自私小氣的鐵公雞。

天相坐命的人——

適合行業：

公教人員、官職、工程、機械人員、金融機構職員、大公司負責人或高階主管、經理人才、軍警職、石油公司主管、職員、專業人材、高科技技術人員、電腦業、電信業、傳播業、營建業、港口領航員、飛機、船類駕駛員等等。

適合投資的項目：

儲蓄、保險、金融商品、股票、期貨、彩券、債券等。不適合投資房地產，因為你們的田宅宮是空宮，機運不佳，會有失誤。

大運年歲：

天相坐命『丑』、『未』宮的人：

陽男陰女：二十歲以前生活舒適，此後一生打拚，老年擁有財富。

陰男陽女：三十五歲以前運不好，三十五歲以後財富漸積而富有。

天相坐命『卯』、『酉』宮的人：

陽男陰女：一生打拚，四十二歲至五十五歲之間會爆發偏財運。

陰男陽女：二十二歲至三十五歲會爆發偏財運而財富愈積愈多。

天相坐命『巳』、『亥』宮的人：

陽男陰女：一生辛勞打拚，四十二歲至五十五歲之間有好運而發富。

陰男陽女：二十二歲至三十五歲有好運多得財富，中年時最有錢。

金錢運較佳的年份：

天相坐命『丑』宮的人：丑、寅、辰、未、酉、戌年。

天相坐命『卯』宮的人：子、丑、卯、辰、巳、未、亥年。

天相坐命『巳』宮的人：丑、寅、卯、巳、未、酉、戌年。

天相坐命『未』宮的人：子、丑、卯、未年。

天相坐命『酉』宮的人：丑、巳、未、酉、亥年。

天相坐命『亥』宮的人：丑、卯、午、未、酉、亥年。

金錢運最差的年份：

天相坐命『丑』宮的人：卯、巳、亥年。

天相坐命『卯』宮的人：午、申、酉、戌年。

天相坐命『巳』宮的人：子、辰、申、亥年。

天相坐命『未』宮的人：寅、辰、巳、申、酉、戌、亥年。

天相坐命『酉』宮的人：子、寅、卯、辰、戌年。

天相坐命『亥』宮的人：寅、巳、申年。

天梁坐命者的賺錢智慧

天梁坐命的人，因命宮所處宮位不同，而有不同的『命、財、官』格局。

天梁坐命「子」、「午」宮的人，其財帛宮是天機、太陰星。其官祿宮為天同星。你們命理格局是『陽梁昌祿』和『機月同梁』的混合格局，因此此命格的人，會學歷較高，在『命、財、官』所形成的『機月同梁』格之下，多半會從事公務員的高等考試，進陞官職。沒有從官途的人，也會留在學校中教書。你們的金錢運會有一些起伏，有時較好，有時較差。命宮在『午』宮的人較有錢。你們也多少會得到一些祖產。

天梁坐命「丑」、「未」宮的人，你們的財帛宮是太陰星。官祿星是太陽星。命宮在『丑』宮的人，是日月居旺，為財富多事業順暢的人。命宮在『未』宮的人，是日月反背，有先勤後惰，和中年以後事業不順的狀況。你們都是擁有『武貪格』暴發運的人。雖然命格中也具有『陽梁昌祿』格，但是常被暴發運、偏財運擾亂了你們人生的腳步，形成主富不主貴的局面，這是非常可惜的，你們若能把握這些優點，擁有高學歷，把暴發運發揮在事業上，事實上，你們也可以成為世界級的人物。

天梁坐命『巳』、『亥』宮的人，其財帛宮是太陽、太陰。其官祿宮是空宮，有天機、巨門相照。你們也有『陽梁昌祿』格和『機月同梁』格的混合格局。但是因為你們的命宮坐星天梁星為居陷落的位置，比較沒有貴人相助。命宮對宮又有天同福星的影響，你們較好逸惡勞，喜歡享福，沒有奮鬥的衝勁，因此在成就上會大打折扣。**命宮在『巳』宮的人**，財帛宮中的太陰星是居旺的，手中流動的錢還不少。**命宮在『亥』宮的人**，因財帛宮中的太陰星居陷位，可賺到的錢就很少了。

命宮在『巳』、『亥』宮的人，官祿宮雖然空宮，但有天機、巨門相照，若能努力工作，也會有名聲遠播的美事。但你們常常會半途而廢，離開工作，或是斷斷續續的工作，而不能有所成就。

天梁坐命的人，命宮中有化權星的人，喜歡掌權，控制別人，適合做政治人物或機構總裁。命宮中有化祿星的人，財祿較好，私心較重，容易自肥，喜歡說漂亮話，容易有欺騙人的行為。命宮中有化科星的人，會有高學歷，易於考試，精於文藝，會成為文藝界的名人。

天梁坐命的人，命宮對宮有化忌星相照時，會帶來太多的是非糾纏。有太陽化忌的人，自己本身不利於眼目，在男人的社會中多是非麻煩，增加困擾，也影響『陽梁昌祿』格的發展。使人生不順利，有天機化忌的人，外界的關係不良，會有耗財的惡友，對進財與事業的發展都有影響。

天梁坐命的人，也最忌諱的羊、陀、火、鈴在命宮，容易性格頑劣，一生飄蕩，成為傷風敗俗的人，也容易身體遭受傷災，只為一個平凡的人。

天梁坐命的人——

適合行業：

公職、政府官員、教職、政治人物、教授、校長、傳教士、慈善機構、宗教業、命理師、風水師、幕僚人員、企管人才、秘書、補習班、中醫師、藝術家、船員、船長、專家學者、文職職員、隨車服務員。

適合投資的項目：

命宮在『丑』、『巳』、『午』宮的人，適合儲蓄、買保險、長期性股票、債券、黃金、外幣等等。

命宮在『丑』、『未』宮的人，適合操作股票、期貨、彩券等。其他的人可做短期性金融商品的投資。

命宮在『丑』、『未』宮的人，適合投資房地產。

大運年歲：

天梁坐命『子』、『午』宮的人：

陽男陰女：一生辛勞，三十二歲至四十五歲走好運，得到財富。

陰男陽女：青少年舒適享福。三十五歲以後走好運，獲得財富，老年富裕。

天梁坐命『丑』、『未』宮的人：

陽男陰女：幼年辛苦、三十二歲至四十五歲爆發旺運，獲得財富而有錢。

陰男陽女：三十五歲左右爆發偏財運得到財富，成為一富翁。

天梁坐命『巳』、『亥』宮的人：

陽男陰女：三十二歲以前運不好。三十二歲至四十五歲，運用智慧而得到旺運而獲財。要到晚年才會有真正的財富。

陰男陽女：二十歲左右生活富裕，三十二歲以後爆發財運而富裕。

金錢運較佳的年份：

天梁坐命『子』宮的人：丑、卯、午、未、酉、亥年。

天梁坐命『丑』宮的人：子、丑、寅、辰、巳、申、酉、戌年。

天梁坐命『巳』宮的人：子、丑、寅、辰、午、申、亥年。

天梁坐命『午』宮的人：丑、寅、卯、巳、午、未、酉年。

天梁坐命『未』宮的人：寅、辰、午、申、戌年。

天梁坐命『亥』宮的人：子、寅、午、申、戌年。

金錢運最差的年份：

天梁坐命『子』宮的人：寅、辰、巳、申、戌年。

天梁坐命『丑』宮的人：午、未、亥年。

天梁坐命『巳』宮的人：巳、未、酉、戌年。

天梁坐命『午』宮的人：子、辰、申、亥年。

天梁坐命『未』宮的人：子、丑、卯、亥年。

天梁坐命『亥』宮的人：丑、卯、辰、未、亥年。

七殺坐命者的賺錢智慧

七殺坐命的人，其財帛宮都是貪狼星。其官祿宮都是破軍星。這是一種必須離鄉外出拼鬥才會有好運企機，獲得財富的一種象徵。

七殺坐命『子』、『午』宮的人，你們的遷移宮是武曲、天府。外面的環境是一個大財庫，戰將若不出外，如何能搬回財寶呢？因此你一定是早年離家打拚的人，你們多半會做公職，工作非常忙碌，競爭力很強，必須比別人辛苦好幾倍才能展現你的業績。但是你也很有好運，在收入上總是比別人賺得多。

七殺坐命『寅』、『申』宮的人，在『寅』宮為『七殺仰斗』格。在『申』宮為『七殺朝斗』格，因對宮有紫微、天府星。你所處的環境是地位高，生活富裕的環境。是故，你必定是個有官貴的大將之才。做軍警職對你最適合不過了。你一生有多次暴發運，會一個層次接一個層次的改變，並提高你的地位，增加你的財富。因此，這個命格是主貴又主富的命格。

七殺坐命『辰』、『戌』宮的人，因其命宮對宮為廉貞、天府。你所處的環境是必須要運用智慧才能取得財富。如此看起來彷佛不如坐命『子』、『午』、『寅』、『申』宮的人那樣好命了。可以天生有好運去取財，但是老天給了你『陽梁昌祿』格，讓你以此去增進智慧，增加學識，促進考運，去獲得你的財富。因此你在經過辛勞之後也能得到富貴了。

七殺坐命的人，幼年都有身體不好的現象，成年後便無礙了。你們在錢財上天生有好運，常常會擁有『火貪』、『鈴貪』、『武貪』等暴發格，讓人驚異。不但在事業上可蒸蒸日上，在財富上更是無可比擬，但真正最富有的人還是命宮坐在『寅』、『申』宮的人，你的地位高，家財、房地產之多，是真正的富貴之家。

七殺坐命的人，命宮四方三合處，不可再有羊陀、火鈴來照會了，否則會有將軍陣亡的危險。對宮處最好也不要有化忌星，有廉貞化忌是官非的問題，有武曲化忌是財務的問題都是不好的事。

七殺坐命的人，命宮對宮或『財、官』二宮有化權、化祿同宮時，都是可掌握實權、獲得財富的象徵，更加速了七殺坐命人的成功之路。

七殺坐命的人——

適合行業：

軍警職、將軍、外科醫生、牙醫、婦產科醫生、獸醫、屠宰業、律師、法院、監獄執法人員、刀劍舖、磨刀師父、鋼鐵廠、五金類、重機械操作員、工程人員、公職官員。

適合投資的項目：

工廠、醫院的股份。律師事務所、公司債券、政府債券、外幣、黃金、長期性股票等等。

命宮在『寅』、『申』宮的人適合操作股票、期貨、彩券。也適合投資房地產。

大運年歲：

七殺坐命『子』、『午』宮的人

陽男陰女：二十二歲至三十五歲努力打拼有好運，晚年富足。

陰男陽女：二十二歲至三十五歲打拼有財富，四十五歲以後愈來愈富有，老年為一富翁。

七殺坐命「寅」、「申」宮的人

陽男陰女：二十二歲至三十五歲之間爆發旺運而得財富。中年運不好，六十二歲以後為富有之命。

陰男陽女：四十二歲至五十五歲之間會爆發旺運而得財富，成為一富翁。

七殺坐命「辰」、「戌」宮的人

陽男陰女：幼年運差，二十二歲至三十五歲有好運，中年運差，六十二歲以後才富足。

陰男陽女：二十五歲以前會有名而漸富足，四十二歲至五十五歲會有旺運而致富。

金錢運較佳的年份：

七殺坐命「子」宮的人：子、寅、午、申、戌年。

七殺坐命『寅』宮的人：子、丑、寅、辰、巳、申、酉、戌年。
七殺坐命『辰』宮的人：子、寅、卯、辰、午、戌、亥年。
七殺坐命『午』宮的人：子、丑、寅、辰、午、申年。
七殺坐命『申』宮的人：寅、辰、午、申、戌年。
七殺坐命『戌』宮的人：子、辰、午、申、戌年。

金錢運最差的年份：

七殺坐命『子』宮的人：丑、卯、辰、未、亥年。
七殺坐命『寅』宮的人：午、未、亥年。
七殺坐命『辰』宮的人：丑、巳、未、申、酉年。
七殺坐命『午』宮的人：巳、未、酉、戌年。
七殺坐命『申』宮的人：子、丑、卯、巳、亥年。
七殺坐命『戌』宮的人：丑、寅、卯、巳、未、亥年。

破軍坐命者的賺錢智慧

破軍坐命的人，其財帛宮都是七殺星，其官祿宮都是貪狼星。這是在工作上會擁有好運，卻必須極力打拚努力才能賺到錢的模式。

破軍坐命「子」、「午」宮的時候，為居廟地，以破軍坐命人積極的、豪爽、開朗的個性，是很容易去突破保守環境的防衛，打入核心，而賺取屬於自己的財富的。破軍坐命『子』、『午』宮的人，在命格中還具有『武貪格』的爆發運及『陽梁昌祿格』三合鼎立，流年運好時，擁有高學歷，升官發財不是難事。若有化權星在命宮的人，更是官貴之格，必走官途，甲年生有化權在命宮的人為『英星入廟』格，官居一品。財勢更大，是一個真正能享受到財祿的人。

破軍坐命「寅」、「申」宮的人，破軍星旺度只為得地。遷移宮有武曲、天相二星相照命宮。生活環境富裕。你們是一個比較會為享福、身體不太愛動，而內心忙碌操煩的人。

破軍坐命「辰」、「戌」宮的人，破軍星為居旺。命宮對宮有紫微、天相星相照，在你們的工作環境裡，是一種擁有高地位的優良環境。你們也會對藝術性的事物擁有特殊的嗜好。但是此命格的人，必須做武職（軍警），或從事競爭激烈性的行業才會有發展。這是因為命坐天羅、地網宮，必須掙脫桎梏的關係。

凡是破軍坐命的人，都是必須打拚，辛苦勞碌，必須『動』起來，才會得財。若靜下來，便會沒有發展，且有耗財之虞。而且最忌諱有文昌、文曲來同宮或相照，否則終究是窮困，並有水厄。

破軍坐命的人，也不喜歡有羊陀、火鈴來同宮或相照，此人的臉上會有坑坑疤疤，不整齊多傷痕的外貌，性格上也奸滑、火爆、衝動、喜爭鬥、官非較多。且有傷殘的可能，實為不吉。

破軍坐命的人，最喜命宮中有化權星，會有官貴，可做高官，享厚祿。並且在打拚奮鬥時，擁有最佳的原動力和掌控全局的能力。在戰爭時做將領，也是戰無不克，全面致勝的領袖人才。有化祿星在命宮的人，是個交際手腕強的人，而且可以不分敵我，一網打盡，都做了他的朋友。但是破軍是耗星，對於錢財方面，卻是過路財神，財進財出，沒什麼辦法存留的。因此破軍化祿坐命的人，只是經手的錢很多，是個空殼子罷了。

破軍坐命的人——

適合行業：

軍警職、政治人物、民意代表、武官、公職為官、運輸業、兵工廠任職、市場生意、舊貨買賣業、拆船業、電子業、五金業、環保垃圾處理業、環境衛生處理業、喪葬業、貨櫃業、外交、外務工作、特務間諜工作、船運公司、宗教修道等等。

適合投資的項目：

一切新開創的事業、政治選舉的投資、股票、期貨、政治債券、公司債券、房地產、黃金、珠寶。

大運年歲：

破軍坐命『子』、『午』宮的人：

陽男陰女：幼年運不好，二十二歲以後打拚，開始發富。四十二歲至五十五歲之間會爆發旺運擁有財富。

陰男陽女：幼年運不好，二十二歲至三十五歲之間會爆發旺運，生活漸舒適。

破軍坐命『寅』、『申』宮的人：

陽男陰女：二十二歲後開始打拚進財，四十二歲以後有好運，錢財漸多。

陰男陽女：幼年運不好，二十二歲至三十五歲，財運佳，一生辛苦勞碌。

破軍坐命『辰』、『戌』宮的人：

陽男陰女：二十二歲至三十五歲發富，四十二歲至五十五歲有好運，一生富裕舒適。

陰男陽女：幼年運不好，一生較辛勞，老年可享福。

金錢運較佳的年份：

破軍坐命『子』宮的人：寅、辰、午、申、戌年。

破軍坐命『寅』宮的人：子、辰、午、申、戌年。

破軍坐命『辰』宮的人：子、寅、午、申、戌年。

破軍坐命『午』宮的人：子、丑、寅、辰、巳年、申、酉、戌年。

破軍坐命『申』宮的人：子、寅、卯、辰、午、戌、亥年。

破軍坐命『戌』宮的人：子、寅、辰、午、申、亥年。

金錢運最差的年份：

破軍坐命『子』宮的人：子、丑、卯、亥年。

破軍坐命『寅』宮的人：丑、寅、卯、巳、未、酉、亥年。

破軍坐命『辰』宮的人：丑、卯、辰、未、亥年。

破軍坐命『午』宮的人：卯、午、未、亥年。

破軍坐命『申』宮的人：丑、巳、未、申、酉年。

破軍坐命『戌』宮的人：巳、未、酉、戌年。

祿存坐命者的賺錢智慧

祿存為甲級星，因此有祿存坐命是不能算空宮坐命的。祿存坐命的人有非常多的狀況，多達十六種狀況：

甲年生、祿存坐命在『寅』宮的人

①祿存坐命『寅』宮，其對宮有天同、天梁的人，其財帛宮為太陽。官祿宮為巨門星。

適合行業：業務員、送貨員、收款員。

適合投資的項目：儲蓄。（你們的田宅宮為廉貞、貪狼俱陷落，故不適合投資房地產。）

金錢運較佳的年份：子年、丑年、卯年、未年。

②祿存坐命寅宮，對宮為天機、太陰的人，其財帛宮為巨門星。其官祿宮為太陽星。

適合行業：高級公務員、教師、民意代表、仲介業、保險經紀人。

金錢運較佳的年份：丑年、寅年、卯年、午年、未年、酉年、亥年。

③祿存坐命『寅』宮，對宮為太陽、巨門的人。

適合行業：公務員、薪水階級。

金錢運較佳的年份：丑年、巳年、未年、酉年、亥年。

乙年生、祿存坐命在『卯』宮的人

④祿存坐命『卯』宮，其對宮為太陽、天梁的人。
適合行業：教書、研究企劃工作、藝術工作者。
金錢運較佳的年份：子年、卯年、辰年、午年、申年、戌年。

⑤祿存坐命『卯宮』，其對宮為紫微、貪狼的人，財帛宮為天相。官祿宮為天府。
適合行業：銀行主管、大公司會計帳務主管人員、政府財經官員、高科技研發人員、金融機構主管。
金錢運較佳的年份：丑年、卯年、午年、未年、酉年、亥年。

⑥祿存坐命『卯』宮，其對宮為天機、巨門的人。

適合行業：學術研究人員、醫學研究人員、藝術家、教職、公務員、科技研發人員。

金錢運較佳的年份：子年、寅年、卯年、午年、申年、戌年。

丙年、戊年生，祿存坐命在『巳』宮的人

⑦祿存坐命『巳』宮的人，其對宮為廉貞、貪狼。你們的財帛宮為天相，官祿宮為天府。

適合行業：軍警職、軍警機構管理財務人員、金融機構、財經人員、工程專業人員、公教職。

金錢運較佳的年份：丑年、寅年、巳年、未年、酉年、戌年。

丁年、己年生，祿存坐命在『午』宮的人

⑧祿存坐命『午』宮，其對宮為天同、太陰的人，此命格的人，在丑、未年都有爆發運的『武貪格』。

適合行業：薪水階級、教職、小生意人。

金錢運較佳的年份：子年、丑年、卯年、巳年、午年、亥年。

庚年生、祿存坐命在『申』宮的人

⑨祿存坐命『申』宮，有天機、太陰相照會的人。

適合行業：和配偶一起做小生意、業務員、薪水階級。

金錢運較佳的年份：

丑年、卯年、巳年、未年、申年、酉年。

⑩祿存坐命『申』宮，對宮有太陽、巨門相照的人。

適合行業：

做軍警職、醫生、中醫、專門學術研究、中藥舖、藥房、高等公務員、律師、財經學者。

金錢運較佳的年份：

子年、丑年、卯年、巳年、未年、申年、亥年。

⑪祿存坐命『申』宮，對宮有天同、天梁相照的人。

適合行業：

教師、補習班老師、餐飲業、旅館業、服務業。

金錢運較佳的年份：

子年、丑年、寅年、辰年、未年、申年、酉年、戌年。

辛年生、祿存坐命在『酉』宮的人

⑫祿存坐命『酉』宮，對宮有紫微、貪狼相照的人。

適合行業：

軍警職、管理金融、財務、銀行中高階主管、財經機構主管、政府財經官職等。

金錢運較佳的年份：

丑年、卯年、巳年、未年、酉年。

⑬祿存坐命『酉』宮，對宮為天機、巨門相照的人。

適合行業：

學術研究、教書、傳播界、廣告界、攝影、藝術類的工作、記者等。

金錢運較佳的年份：

子年、丑年、寅年、辰年、午年、申年、亥年。

⑭祿存坐命『酉』宮，對宮為太陽、天梁的人。

適合行業：

文職、公務人員、業務員、總務人員、薪水階級。

金錢運較佳的年份：

子年、寅年、卯年、辰年、午年、酉年、戌年、亥年。

壬年生、祿存坐命在『亥』宮的人

⑮祿存坐命『亥』宮，其對宮為廉貞、貪狼的人。

適合行業：

軍警職、特務、情報人員、徵信社人員、黑道。

金錢運最佳的年份：

子年、丑年、卯年、未年、亥年。

癸年生、祿存坐命在『子』宮的人

⑯祿存坐命『子』宮，對宮有天同、太陰相照。

適合行業：

推銷員、保險經紀、汽車買賣、房地產仲介等行，中年以後事業中斷。

金錢運較佳的年份：

巳年、未年、酉年、亥年。

賺錢智慧王

已，但戰爭期間出生的人數較多。祿存坐命者，多具備性格較孤獨的特質，是因為在幼年期得不到父母與家庭的照顧和溫暖，而形成一出生便命運多桀的困難，在成長期也較辛苦。但祿存坐命的人，天生有『自有財』，因此他們能存活在天地之中，而且愈來愈好。

祿存坐命者，天生勞碌，忙著賺錢生財，也是因為自出生時便一切靠自己而有自知之明之故，天性節儉、吝嗇也是此故。雖然別人與他們在相處上有些格格不入，但也不得不佩服他們這種堅苦卓絕的精神了。

第五章　賺錢智慧與流運有關

要算出自己的進財日，是有幾個步驟的，欲知自己這一年的財運，首先要看流年。流年中是否有財星？欲知某一月是否財運好，則要看流月中是否有財星？欲知某一日是否有財運？則要算出流日所在的宮位是否有財星？

若流年、流月、流日，所逢之宮位皆有財星在位，則肯定這一年有財而且此日是有錢可進的了。若所逢之流年宮位的財星不強，或只是太陽、天梁這些不具財運的星曜在宮位中，而流月、流日有財星入座的話，則表示只是安泰，所進的財較小，但也是有財運的。

若流年、流月皆有財星，只是流日無財星，表示此年、此月有財運，但不一定在此日會進財。

因此，在流年、流月、流日的三重組合裡，不同的組合，形成不同的進財機率，這也與進財多寡有關。

流年、流月、流日皆有財星居旺的：財運最好。

流年、流月有財星居旺，流日無財星的：當日不會進財，當年、當月財運好。

流年有財星居旺，流月、流日無財星：當年財運好，當月、當日無法進財。

流年、流日有財星，流月無財星者：當年有財運富裕，當日會進財、當月進財少。

流年、流日無財星，流月有財星：當月安泰。

流年無財星，流月、流日有財星：當日會進財，但較少。

流年、流月皆無財星，只有流日有財星者：當年當月財運不佳，可能會進財，但很少。

※大運、流年、流月、流日皆有財星居旺者，財運最佳，最有錢。

※若要看目前這一年在你一生中財運所佔的位置，或是要看這一年是否是最進財、最有錢，則還要以大運為主，大運管十年的運程，以命宮起算，有陽男陰女、陰男陽女的不同，也有五行局起運年歲的不同。

大運算法

陽男陰女：陽年生的男子，陰年生的女子，從命宮開始，在命盤上以順時針方向，開始起運計算。

陰男陽女：陰年生的男子，陽年生的女子，從命宮開始，在命盤上，以逆時針方向，開始行運起算。

（陽年：甲年、丙年、戊年、庚年、壬年。）

（陰年：乙年、丁年、己年、辛年、癸年。）

五行局年歲

水二局：二歲開始起命，（從命宮起算。命宮是第一個大運運程，從二歲至十一歲。）

木三局：三歲開始起命，（從命宮起算。命宮是第一個大運運程，從三歲至十二歲。）

金四局：四歲開始起命，（從命宮起算。命宮是第一個大運運程，從四歲至十三歲。）

土五局：五歲開始起命，（從命宮起算。命宮是第一個大運運程，從五歲至十四歲。）

火六局：六歲開始起命，（從命宮起算。命宮是第一個大運運程，從六歲至十五歲。）

流年、流月、流日的看法

流年的看法：

流年是指當年一整年的運氣。子年時就以『子』宮為當年的流年。以『子』宮中的主星為該年的流年命宮的主星。倘若是丑年，就以『丑宮』為流年命宮，卯年以『卯宮』為流月命宮。宮中的主星就是流年運氣了。以此類推。

卯年中，以『卯宮』為流年命宮，寅宮為流年兄弟宮、丑宮為流年夫妻宮，子宮為流年子女宮，亥宮為流年財帛宮，戌宮為流年疾厄宮，酉宮為流年遷移宮，申宮為流年僕役宮（朋友宮），未宮為流年事業宮，午宮為流年田宅宮，巳宮為流年福德宮，辰宮為流年父母宮。如此就可觀看你卯年一年當中與六親的關係，及進財、事業的行運吉凶了。

賺錢智慧王

流月的看法：

流月是指一個月中的運氣。

要算流月，要先找出流年命宮（例如卯年以卯宮為流年命宮），再由流年命宮逆算自己的生月，再利用自己的生時，從生月之處順數回來的那個宮，就是你該年流年的一月（正月）。

舉例：某人是生在五月寅時。卯年時正月在丑宮（從卯逆數五個宮，再順數三個宮那是正月）

※幾月生就逆數幾個宮，幾時生就順數幾個宮，就是該年流月的正月，再順時針方向算2月、3月……

5月 巳	6月 午	7月 未	8月 申
4月 辰			9月 酉
3月 卯			10月 戌
2月 寅	1月 丑	12月 子	11月 亥

流日的算法：

流日的算法更簡單，先找出流月當月的宮位，此宮即是初一，順時針方向數，次一宮位為初二，再次一宮為初三……以此順數下去，至本月最後一天為止。

※農曆月份，大月三十日，小月二十九日。

流時的看法：

流時的看法更不必傷腦筋了！子時就看子宮。丑時就看丑宮、寅時看寅宮中的星曜……以此類推來斷吉凶。

如何算出自己的進財日

我們在命盤上訂出當年流年、與流月的一月時，再順時針方向依次算出二月、三月、四月…。在每一個月的宮位裡觀看有沒有前面所提到的財星？有財星居旺的日子，便知當月會進財。沒有財星的日子，就要看是否屬於安泰的星曜，亦或是破耗、是非、血光的星曜，如羊陀、火鈴之流。

進財日的剋星

1 **有擎羊、陀羅同宮或相照的日子**，金錢運會受到剋害，有擎羊會破耗，有陀羅會拖延。

2 **財星落陷，金錢運會不佳**。如太陰星落陷時，財運不佳。

3 **運星落陷，運氣不佳，財運也會受到影響**。如天機陷落、天梁陷落、太陽陷落等，財運都會不好。

4 **運逢劫空，財運不佳**。天空、地劫，不可在流年、流月的當值宮位出現或相照，都會有財來財去一場空的狀況。

5 **耗星、暗星逢流年運、流月運程，都會財運不濟**。破軍是耗星，有破財之憂。暗星是巨門，主是非糾纏，財運不順。

6 **殺星不可與財星同宮，或相照會**，會有『因財被劫』的困擾、賺錢辛苦，又賺不到錢。

7 **破軍不可和文昌、文曲同宮或照會**，主窮困，財運不佳，且有水厄。

8 **財星、祿存、化祿，不可與羊陀、劫空、化忌同宮或相照**，稱為『祿逢沖破』，『財與劫仇』財星與劫星同位，吉處藏凶。

※ 利用流日的算法算出流日之後，檢查其中的星曜是否是財星當旺的日子，便知道此日是進財日了。

第六章　賺錢智慧王會算的超級進財日

很多人都關心偏財運的事情，但某些人卻不了解偏財運是如何發生？如何獲得的？為什麼是個人專屬的偏財運？不能向具有『偏財運』的人，借一點運氣嗎？

現在我們先來談『到底那些人具有偏財運？』

具有偏財運的命理格式之人

『紫微在寅』、『紫微在申』、『紫微在巳』、『紫微在亥』。

這四個命理格式的人是肯定具有偏財運的人，因為你們全都具有『武貪格』。『紫微在寅』、『紫微在申』兩種格式的人在辰、戌年爆發旺運。『紫微在巳』、『紫微在亥』兩種格式的人在丑、未年爆發偏財運。

A 在辰、戌年（龍年、狗年）爆發偏財運的『紫微在寅』命盤格式的人包括：①破軍坐命『子』宮的人；②天機坐命『丑』宮的人；③紫府坐命『寅』宮的人；④太陰坐命『卯』宮的人；⑤貪狼坐命『辰』宮的人；⑥巨門坐命『巳』宮的人；⑦廉相坐命『午』宮的人；⑧天梁坐命『未』宮的人；⑨七殺坐命『申』宮的人；⑩天同坐命『酉』宮的人；⑪武曲坐命『戌』宮的人；⑫太陽坐命『亥』宮的人。

B 在辰、戌年（龍年、狗年）爆發偏財運的『紫微在申』命盤格式的人包括：①廉相坐命『子』宮的人；②天梁坐命『丑』宮的人；③七殺坐命『寅』宮的人；④天同坐命『卯』宮的人；⑤武曲坐命『辰』宮的人；⑥太陽坐命『巳』宮的人；⑦破軍坐命『午』宮的人；⑧天機坐命『未』宮的人；⑨紫府坐命『申』宮的人；⑩太陰坐命『酉』宮的人；⑪貪狼坐命『戌』宮的人；⑫巨門坐命『亥』宮的人。

C 在丑、未年（牛年、羊年）爆發偏財運的『紫微在巳』命盤格式的人包括：①同陰坐命『子』宮的人；②武貪坐命『丑』宮的人；③陽巨坐命『寅』宮的人；④天相坐命『卯』宮的人；⑤機梁坐命『辰』宮的人；⑥紫微坐命『巳』宮的人；⑦命坐『午』宮為空宮，有同陰相照的人；⑧命坐『未』宮為空宮，有武貪相照的人；⑨命坐『申』宮為空宮，有陽巨相照的人；⑩廉破坐命『酉』宮的人；⑪命坐『戌』宮為空宮，有機梁相照的人；⑫天府坐命『亥』宮的人。

賺錢智慧王

D 在丑、未年（牛年、羊年）爆發偏財運的『紫微在亥』命盤格式的人包括：

①命坐『子』宮為空宮，有同陰相照的人；②命坐『丑』宮為空宮，有武貪相照的人；③命坐『寅』宮為空宮，有陽巨相照的人；④廉破坐命『卯』宮的人；⑤命坐『辰』宮為空宮，有機梁相照的人；⑥天府坐命『巳』宮的人；⑦同陰坐命『午』宮的人；⑧武貪坐命『未』宮的人；⑨陽巨坐命『申』宮的人；⑩天相坐命『酉』宮的人；⑪機梁坐命『戌』宮的人；⑫紫殺坐命『亥』宮的人。

上述共有四十八種命局的人，是必定會有『偏財運』的人，讀者可將自己的紫微命盤將之對照，便知道是否有偏財運了。

此外還有一些人會在生辰的時間上，與命理格局形成『火貪格』、『鈴貪格』的現象，也是會具有極大『偏財運』的。

例如：

『紫微在子』、『紫微在午』

此格式的人，生年和時辰合於下列條件的人，會有極大的偏財運。

①寅、午、戌年生的人，生在卯時、巳時、酉時、亥時的人。

②申、子、辰年生的人，生在寅時、辰時、申時、戌時的人。

③巳、酉、丑年生的人，生在寅時、卯時、申時、酉時的人。

④亥、卯、未年生的人，生在寅時、卯時、申時、酉時的人。

賺錢智慧王

A

『紫微在子』命盤格式的人

包括：①紫微坐命『子』宮的人；②命坐『丑』宮為空宮，有同巨相照的人；③破軍坐命『寅』宮的人；④命坐『卯』宮為空宮，有陽梁相照的人；⑤廉府坐命『辰』宮的人；⑥太陰坐命『巳』宮的人；⑦貪狼坐命『午』宮的人；⑧同巨坐命『未』宮的人；⑨武相坐命『申』宮的人；⑩陽梁坐命『酉』宮的人；⑪七殺坐命『戌』宮的人；⑫天機坐命『亥』宮的人。

B

『紫微在午』命盤格式的人

包括：①貪狼坐命『子』宮的人；②同巨坐命『丑』宮的人；③武相坐命『寅』宮的人；④陽梁坐命『卯』宮的人；⑤七殺坐命『辰』宮的人；⑥天機坐命『巳』宮的人；⑦紫微坐命

『午』宮的人；⑧命坐『未』宮為空宮，有同巨相照的人；⑨破軍坐命『申』宮的人；⑩命坐『酉』宮為空宮，有陽梁相照的人；⑪廉府坐命『戌』宮的人；⑫太陰坐命『亥』宮的人。

※在子年、午年（鼠年、馬年），若有前述格式與生時的人，會爆發偏財運。

『紫微在辰』、『紫微在戌』

此格式的人，生年和生時合於下列條件的人，也會有『火貪格』、『鈴貪格』爆發偏財運。

①寅、午、戌年生的人，生在丑時、巳時、未時、亥時的人。
②申、子、辰年生的人，生在子時、辰時、午時、戌時的人。
③巳、酉、丑年生的人，生在辰時、巳時、戌時、亥時的人。
④亥、卯、未年生的人，生在辰時、巳時、戌時、亥時的人。

賺錢智慧王

A

『紫微在辰』命盤格式的人

包括：①武府坐命『子』宮的人；②日月坐命『丑』宮的人；③貪狼坐命『寅』宮的人；④機巨坐命『卯』宮的人；⑤紫相坐命『辰』宮的人；⑥天梁坐命『巳』宮的人；⑦七殺坐命『午』宮的人；⑧命坐『未』宮為空宮，有日月相照的人；⑨廉貞坐命『申』宮的人；⑩命坐『酉』宮為空宮，有機巨相照的人；⑪破軍坐命『戌』宮的人；⑫天同坐命『亥』宮的人。

B

『紫微在戌』命盤格式的人

包括：①七殺坐命『子』宮的人；②命坐『丑』宮為空宮，有日月相照的人；③廉貞坐命『寅』宮的人；④命坐『卯』宮為空宮，有機巨相照；⑤破軍坐命『辰』宮的人；⑥天同坐命『巳』宮的人；⑦武府坐命『午』宮的人；⑧日月坐命『未』

宮的人；⑨貪狼坐命『申』宮的人；⑩機巨坐命『酉』宮的人；⑪紫相坐命『戌』宮的人；⑫天梁坐命『亥』宮的人。

『紫微在辰』和『紫微在戌』命盤格式的人，若再有前述格式與生時的人，會在寅年、申年（虎年、猴年）爆發偏財運。

『紫微在卯』、『紫微在酉』

此格式的人，生年和生時合於下列條件，亦會有『火貪格』、『鈴貪格』爆發偏財運。

①寅、午、戌年生的人，生在子時、寅時、午時、申時的人。

②申、子、辰年生的人，生在丑時、巳時、未時、亥時的人。

③巳、酉、丑年生的人，生在子時、巳時、午時、亥時的人。
④亥、卯、未年生的人，生在子時、巳時、午時、亥時的人。

賺錢智慧王

A

「紫微在卯」命盤格式的人

包括：①太陽坐命『子』宮的人；②天府坐命『丑』宮的人；③機陰坐命『寅』宮的人；④紫貪坐命『卯』宮的人；⑤巨門坐命『辰』宮的人；⑥天相坐命『巳』宮的人；⑦天梁坐命『午』宮的人；⑧廉殺坐命『未』宮的人；⑨命坐『申』宮為空宮，有機陰相照的人；⑩命坐『酉』宮為空宮有紫貪相照的人；⑪天同坐命『戌』宮的人；⑫武破坐命『亥』宮的人。

B

「紫微在酉」命盤格式的人

包括：①天梁坐命『子』宮的人；②廉殺坐命『丑』宮的人；③命坐『寅』宮為空宮，有機陰相照的人；④命坐『卯』宮為空宮，對宮有紫貪相照的人；⑤天同坐命『辰』宮的人；⑥武破坐命『巳』宮的人；⑦太陽坐命『午』宮的人；⑧天府坐命『未』宮的人；⑨機陰坐命『申』宮的人；⑩紫貪坐命『酉』宮的人；⑪巨門坐命『戌』宮的人；⑫天相坐命『亥』宮的人。

『紫微在卯』和『紫微在酉』命盤格式的人，若再有前述格式與生時的人，會在卯、酉年（兔年、雞年）爆發偏財運。

偏財運少，但生年生時的交合點也能產生偏財運

『偏財運』機會較少的『紫微在丑』、『紫微在未』命盤格式的人，因為在你們的命盤格式中在巳、亥宮的廉貞、貪狼為居陷落的位置，故而偏財運的機會較少、較小。倘若有下列條件的人，仍然會有一些小的偏財運。

例如：

『紫微在丑』、『紫微在未』

此格式的人，生年和生時合於下列條件的人：

①**寅、午、戌年生的人**，生在寅時、辰時、申時、戌時的人。（以生在寅時、辰時的人，偏財運稍強。生在申時、戌時的人偏財運極弱，甚至不發。）

②**申、子、辰年生的人**，生在丑時、卯時、未時、酉時的人。（以生在卯時、未時的人，偏財運稍強。生在丑時、酉時的人偏財運極弱，甚至於不發。）

③**巳、酉、丑年生的人**，生在丑時、寅時、未時、申時的人。（以生在寅時、未時的人偏財運稍強。生在丑時、申時的人偏財運

極弱，甚至於不發。）

④**亥、卯、未年生的人**，生於丑時、寅時、未時、申時的人。

（以生在未時、申時的人偏財運稍強，生在丑時、寅時的人偏財運極弱，甚至於不發。）

A 『紫微在丑』命盤格式的人

包括：①天機坐命『子』宮的人；②紫破坐命『丑』宮的人；③命坐『寅』宮為空宮，有同梁相照的人；④天府坐命『卯』宮的人；⑤太陰坐命『辰』宮的人；⑥廉貪坐命『巳』宮的人；⑦巨門坐命『午』宮的人；⑧天相坐命『未』宮的人；⑨同梁坐命『申』宮的人；⑩武殺坐命『酉』宮的人；⑪太陽坐命『戌』宮的人；⑫命坐『亥』宮為空宮，有廉貪相照的人。

B「紫微在未」命盤格式的人

包括：①巨門坐命『子』宮的人；②天相坐命『丑』宮的人；③同梁坐命『寅』宮的人；④武殺坐命『卯』宮的人；⑤太陽坐命『辰』宮的人；⑥命坐『巳』宮為空宮，有廉貪相照的人；⑦天機坐命『午』宮的人；⑧紫破坐命『未』宮的人；⑨命坐『申』宮為空宮，有同梁相照的人；⑩天府坐命『酉』宮的人；⑪太陰坐命『戌』宮的人；⑫廉貪坐命『亥』宮的人。

凡是『紫微在丑』、『紫微在未』命盤格式的人，其生年與生時與前列條件相合的人，會在巳、亥年（蛇年、豬年）爆發偏財運，但其偏財運的程度，不會比其他偏財運的人運旺。所得之錢財也沒有其他偏財運格式的人多。

偏財運的特點

偏財運是根據個人命理格局所形成的，因此別人是無法攫取，它是個人專用的『偏財運命格』。同樣也是無法與人共享或相借的。但是在本人爆發偏財運後，很可能因錢財的增多，而可以照顧家庭中的親人或朋友。我們也可以看到有許多人在幼年時爆發偏財運，而給家庭帶來豐厚財運的例子。

偏財運爆發的年月，多半是子、午、丑、未、寅、申、卯、酉、辰、戌年。以辰、戌、丑、未年爆發的人較多，巳、亥年爆發的人較少，也不算什麼財運，因此可以知道每一年都有人在行運爆發『偏財運』的運程。

偏財運最忌諱的是有化忌星在『暴發格』格同宮或相照，例如有武曲化忌、貪狼化忌、廉貞化忌相照等的格式，會因『偏財運』

的爆發而帶來災禍，或者也會不發和爆發錢財較少的問題。

偏財運更忌諱『羊陀夾忌』的命局，會因暴發運爆發後而帶來不祥災禍和惡死的運程。

偏財運格最好也不能有羊、陀進入，否則會形成破格。會造成不發或發得較小的結果。

『偏財運』有『暴起暴落』的特點，這是大家不得不注意的。通常在暴發偏財運後的二、三年的時間運程裡就會碰到。

例如：

①**命宮在『紫微在巳』、『紫微在亥』命盤格式中的人**，在『丑』、『未』年會逢暴發運，在『卯』、『酉』年便會逢到暴落的運程。

②**命宮在『紫微在寅』、『紫微在申』命盤格式中的人**，會在『辰』、『戌』年暴發偏財運，而在『丑』、『未』年逢到暴落

的運程。

③**命宮在『紫微在子』、『紫微在午』命盤格式中有暴發的人，**會在『子』、『午』年暴發偏財運，在寅、申、巳、亥年暴落。

④**命宮在『紫微在卯』、『紫微在酉』命盤格式中有暴發運的人，**會在『卯』、『酉』年暴發偏財運，但當年的流年財帛宮逢武破，因此錢財存不住，當年便開始漸漸暴落。

⑤**命宮在『紫微在丑』、『紫微在未』命盤格式中有暴發運的人，**在『巳』、『亥』年所享受的暴發運（偏財運）較小，得財也少，並且是當即暴落，很快的就沒有錢了。

⑥**命宮在『紫微在辰』、『紫微在戌』命盤格式中有暴發運的人，**會在『寅』、『申』年暴發偏財運，次年便開始漸漸沒落。

※**凡是具有『偏財運』的人，**在暴發之前，也會遇到運氣低落、財運不佳的時刻。因此在『偏財運』暴發時更能享受爆發的快感。

你的財要怎麼賺

法雲居士⊙著

這是一本教您如何看到自己財路的書。

人活在世界上就是來求財的！財能養命，也會支配所有人的人生起伏和經歷。心裡窮困的人，是看不到財路的。你的財要怎麼賺？人生的路要怎麼走？完全在於自己的人生架構和領會之中，法雲居士利用紫微命理為您解開了這個人類命運的方程式，劈荊斬棘，為您顯現出您面前的財路。

你的財要怎麼賺？盡在其中！

紫微星曜專論

法雲居士⊙著

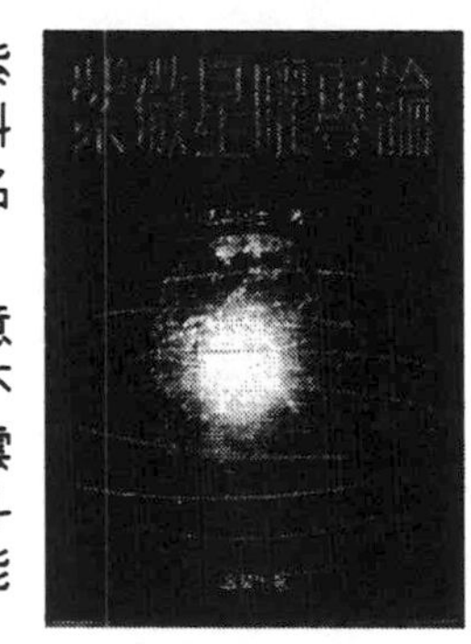

此書為法雲居士重要著作之一，主要論述紫微斗數中的科學觀點，在大宇宙中，天文科學的星和紫微斗數中的星曜實則只是中西名稱不一樣，全數皆為真實存在的事實。

在紫微命理中的星曜，各自代表不同的意義，在不同的宮位也有不同的意義，旺弱不同也有不同的意義。在此書中讀者可從法雲居士清晰的規劃與解釋中，對每一顆紫微斗數中的星曜有清楚確切的瞭解，因此而能對命理有更深一層的認識和判斷。

此書為法雲居士教授紫微斗數之講義資料，更可為誓願學習紫微命理者之最佳教科書。

第七章　賺錢智慧王會預測的偏財運

由干支日預測股票、大盤漲跌

※本表是以台灣目前現行每日交易時間上午九時至下午一時的交易狀況而定。

日干支

甲子日：是開低走低的局勢，大跌。

子丑日：是開高走的局勢，會漲。

▼賺錢智慧王

丙寅日：是先跌後漲的局勢。
丁卯日：是小漲的局面。
戊辰日：是上漲局勢。
己巳日：是平盤、尾盤漲跌很小。
庚午日：終場大跌。
辛未日：先漲後跌成平盤。
壬申日：是平盤，漲跌很小。
癸酉日：是先漲後跌。
甲戌日：是開高走高的局勢，會漲。
乙亥日：是終盤小漲的局勢。
丙子日：是下跌局勢。
丁丑日：是平盤、漲跌很小。

戊寅日：是先大跌後回升的局勢，終場小跌。

己卯日：是先大漲後跌，終盤呈小漲局勢。

庚辰日：是大漲的局勢。

辛巳日：是先漲後跌的局勢。

壬午日：是大漲的局勢。

癸未日：是下跌的局勢。

甲申日：是上漲的局勢。

乙酉日：是先跌後漲的局勢。

丙戌日：是開高走高，大漲的局勢。

丁亥日：是開低走跌的局勢。

戊子日：是大跌的局勢。

己丑日：是上漲的局勢。

庚寅日：是先跌後拉回成平盤的局勢。
辛卯日：是先漲後小跌的局勢。
壬辰日：是開高走高的局勢會漲。
癸巳日：是先漲後跌的局勢。
甲午日：是開低再拉回，終場會跌。
乙未日：是先跌後漲的局勢。
丙申日：是先跌後拉回成平盤。
丁酉日：是下跌的局勢。
戊戌日：是小跌的局勢。
己亥日：是下跌的局勢。
庚子日：是終場小跌的局勢。
壬寅日：是上漲的局勢。

癸卯日：是開高，終場小漲的局勢。
甲辰日：是上漲的局勢。
乙巳日：是先跌後漲的局勢。
丙午日：是下跌後漲的局勢。
丁未日：是上漲的局勢。
戊申日：是下跌的局勢。
己酉日：是上漲的局勢。
庚戌日：是上漲的局勢。
辛亥日：是先跌後漲，終場小跌的局勢。
壬子日：是先漲後跌的局勢。
癸丑日：是上漲的局勢。
甲寅日：是先跌後漲的局勢。

乙卯日：是先跌後大漲的局勢。
丙辰日：是上漲的局勢。
丁巳日：是下跌的局勢。
戊午日：是小漲的局勢。
己未日：是大跌的局勢。
庚申日：是上漲的局勢。
辛酉日：是先漲後跌的局勢。
壬戌日：是盤中升高、盤尾下落的局勢。
癸亥日：是先漲後跌的局勢。

（此表有60％的準確性，謹提供讀者參考）

第八章　賺錢智慧王會看的財庫風水

談到『財庫風水』，首先就要談到個人年命和喜用神的問題。

年命就是出生年的干支，以出生年的干支預測命理運程的方法。賺錢風水首重『財方』，下列就是以年命看財方的方向。

年命的財方

生肖屬相	年命財方
屬鼠的人	甲子年生的人財方為西北方

丙子年生的人財方為正東方

戊子年生的人財方為正南方

庚子年生的人財方為正西方

壬子年生的人財方為西北方

屬牛的人

乙丑年生的人財方為西北方

丁丑年生的人財方為正東方

己丑年生的人財方為正南方

辛丑年生的人財方為西南方

癸丑年生的人財方為正北方

屬虎的人

甲寅年生的人財方為西北方

丙寅年生的人財方為正東方

戊寅年生的人財方為正西方

屬兔的人

庚寅年生的人財方為正西方
壬寅年生的人財方為正北方
乙卯年生的人財方為西北方
丁卯年生的人財方為東北方
己卯年生的人財方為正南方
辛卯年生的人財方為正西方
癸卯年生的人財方為正北方

屬龍的人

甲辰年生的人財方為正西方
丙辰年生的人財方為正南方
戊辰年生的人財方為正南方
庚辰年生的人財方為正西方
壬辰年生的人財方為西北方

賺錢智慧王

屬蛇的人

乙巳年生的人財方為東北方
丁巳年生的人財方為正東方
己巳年生的人財方為正南方
辛巳年生的人財方為西北方
癸巳年生的人財方為正北方

屬馬的人

甲午年生的人財方為西北方
丙午年生的人財方為正東方
戊午年生的人財方為正南方
庚午年生的人財方為正西方
壬午年生的人財方為正北方

屬羊的人

乙未年生的人財方為東北方
丁未年生的人財方為東南方
己未年生的人財方為正南方

屬猴的人

辛未年生的人財方為正北方
癸未年生的人財方為正北方
甲申年生的人財方為東北方
丙申年生的人財方為正東方
戊申年生的人財方為正南方
庚申年生的人財方為正西方
壬申年生的人財方為西北方

屬雞的人

乙酉年生的人財方為西北方
丁酉年生的人財方為正東方
己酉年生的人財方為正南方
辛酉年生的人財方為西北方
癸酉年生的人財方為正北方

屬狗的人

甲戌年生的人財方為西北方
丙戌年生的人財方為正東方
戊戌年生的人財方為正南方
庚戌年生的人財方為西北方
壬戌年生的人財方為正北方

屬豬的人

乙亥年生的人財方為東北方
丁亥年生的人財方為東南方
己亥年生的人財方為正南方
辛亥年生的人財方為正西方
癸亥年生的人財方為正北方

先找出自己出生年干支的年份，再觀看其財方為何。

財方與吉方

財方通常都是最利於我們的吉方，這不但是利於我們求財的方向，同時也是我們生活最舒適的方向。因此我們在找工作，做生意時，在我們所屬的財方方向最為容易並且順利自在。通常我們稱做吉方的方位，寬容度較大，甚至其方位可能大到180度左右，而財方方位的範圍較小，只有45度；因此認真的說只有財方才是我們真正的吉方。

財方的應用大至做生意選店鋪門面方向、住家宅第、甚至於辦公桌椅的方向、睡覺時床頭的朝向都可包括在內。它會幫助我們頭腦清楚、睡眠安穩、精神穩定，有定神的作用。倘若再能配合個人的八字喜用神的吉方，更是相得益彰，使你的命理格局真正達到與旺合格的境地。

喜用神的吉方

喜用神為『甲木』者——吉方為東方

喜用神為『乙木』者——吉方為東方、東南方

喜用神為『木火』者——吉方為東南方

喜用神為『丙火』者——吉方為南方

喜用神為『丁火』者——吉方為南方、西南方

喜用神為『戊土』者——吉方為中部

喜用神為『己土』者——吉方為中部

喜用神為『火土』者——吉方為中部、南部

喜用神為『庚金』者——吉方為西方

喜用神為『辛金』者——吉方為西方

喜用神為『金水』者——吉方為西北方
喜用神為『壬水』者——吉方為北方
喜用神為『癸水』者——吉方為北方

喜用神：在命理學裡，它算是藥，可以醫治你八字中不足的部份，並綜合你八字中太過的部份。例如有人，八字中土多，就必須用木疏土，而『甲木』便是此人的喜用神。它是調和命理，使其中和與旺的。

紫微命宮坐星所代表的吉方

命宮為紫微——屬陰、屬土，代表吉方為中部、中央地帶。
命宮為紫府——屬土，代表吉方為中部、中央地帶。
命宮為紫貪——屬土，帶水木。代表吉方為中部或中央偏東北方。

命宮為紫相——屬土，帶水。代表吉方為中部或中央偏北方。
命宮為紫破——屬土，帶水。代表吉方為中部或中央偏北方。
命宮為紫殺——屬土，帶火金。代表吉方為中部或中央偏西南方。
命宮為天機——屬木，代表吉方為東方。
命宮為機陰——屬木，帶水。代表吉方為東北方。
命宮為機巨——屬木，帶水。代表吉方為東北方。
命宮為機梁——屬木，帶土。代表吉方為東方偏中央的地帶。
命宮為太陽——屬火，代表吉方為南方。
命宮為日月——屬火，帶水。吉方為南方偏北的地帶。
命宮為陽巨——屬火，帶水。代表吉方為南方偏北的地帶。
命宮為陽梁——屬火，帶土。代表吉方為南方近中央的地帶。
命宮為武曲——屬金。代表吉方為西方。
命宮為武府——屬金，帶土。代表吉方為西方近中土的地帶。

命宮為武貪——屬金，帶水木。代表吉方為西北方。
命宮為武殺——屬金。代表吉方為西方。
命宮為武相——屬金，帶水木。代表吉方為西北方。
命宮為武破——屬金，帶水。代表吉方為西北方。
命宮為天同——屬水。代表吉方為北方。
命宮為同陰——屬水。代表吉方為北方。
命宮為同梁——屬水，帶土。代表吉為北方近中土地帶。
命宮為同巨——屬水，代表吉方為北方。
命宮為廉貞——屬木火，代表吉方為東南方。
命宮為廉府——屬木火，帶土。代表吉方為東南方近中土地帶。
命宮為廉相——屬木火，帶水。代表吉方為東南方。
命宮為廉殺——屬木火，帶火金。代表吉方為東南方。
命宮為廉破——屬木火，帶水。代表吉方為東南方。

命宮為廉貪——屬木火。代表吉方為東南方。
命宮為天府——屬土。代表吉方為中土地帶。
命宮為太陰——屬水。代表吉方為北方。
命宮為貪狼——屬木水。代表吉方為東北方。
命宮為巨門——屬水。代表吉方為北方。
命宮為天相——屬水。代表吉方為北方。
命宮為天梁——屬土。代表吉方為中土地帶。
命宮為七殺——屬金。代表吉方為西方。
命宮為破軍——屬水。代表吉方為北方。
命宮為擎羊——屬火金。代表吉方為西方，偏南地帶。
命宮為陀羅——屬金。代表吉方為西方。
命宮為火星——屬火。代表吉方為南方。
命宮為鈴星——屬火。代表吉方為南方。

命宮為文昌——屬金。代表吉方為西方。
命宮為文曲——屬水。代表吉方為北方。
命宮為祿存——屬土。代表吉方為中土地帶、中部。
命宮為左輔——屬土。代表吉方為中土地帶、中部。
命宮為右弼——屬水。代表吉方為北方。
命宮為天魁——屬火。代表吉方為南方。
命宮為天鉞——屬火。代表吉方為南方。

※倘若你所找的吉方從年命、喜用神到紫微命宮的吉方都相同，則你可確定此吉方一定是你命理的吉方。若稍有不同者，應先以喜用神的吉方為最優先，紫微命宮的吉方次之。年命的吉方為最次之。

如何算出你的偏財運

法雲居士⊙著

這是一本讓您清楚掌握人生運程高潮的書，
讓您輕而易舉的獲得令人欽羨的事業和財富。
您有沒有偏財運？偏財運會改變您的一生！
您在何時會有偏財運？如何幫助引爆偏財運？
偏財運的禁忌？以上種種的問題，
在此書中您將會清楚地獲得解答。

法雲居士集二十年之研究經驗，利用科學命理的方法，教您準確地算出自己偏財運的爆發時、日。若是您曾經爆發過好運，或是一直都沒有好運的人，要贏！要成功！一定要看這本書！為自己再創一個奇蹟！

法雲居士⊙著

這是一本教您如何利用『時間』來改變自己命運的書！旺運的時候攻，弱運的時候守，人生就是一場攻防戰。這場仗要如何去打？
為什麼拿破崙在滑鐵盧之役會失敗？
為什麼盟軍登陸奧曼第會成功？
這些都是『時間』這個因素的關係！
在您的命盤裡有哪些居旺的星？
它們在您的生命中扮演著什麼樣的角色？
它們代表的是什麼樣的時間？在您瞭解這些隱藏的契機之後，您就能掌握成功，登上人生高峰！

第九章　賺錢智慧王會看的世界經濟消長

年干代表宇宙中的『氣運』，此氣運影響世界經濟的脈動。經濟的好壞也影響我們生存環境的富裕。

在天地之間，凡是人與環境、事物的關係，皆以『氣運』為主。『氣運』就是氣數的運行。在命理學中，這是從古代的『河圖』、『洛書』演變而來的。簡而言之，也就是把五行生剋的道理和日月星辰運轉的相互變化，形成一個定律，我們用它來推斷事物的吉凶，成敗，這就是年干與歲運的關係了。

例如：二〇一〇年為庚寅年，二〇一一年為辛卯年，二〇一二年為壬辰年，二〇一三年為癸巳年，二〇一四年為甲午年，二〇一五年為乙未年等。

年干除了代表時間上的意義之外，實際還包含宇宙中所充滿的『氣運』的影響力。

例如說：辛卯年（二〇一一年）。年干是辛，辛年在斗數中所具有的『氣運』是太陽化權、巨門化祿、文曲化科、文昌化忌四種氣運。讀者要看各年的氣運，可以在各年干氣運中看到。

現在就來詳述年干所代表年運的經濟走向。

甲年時有【廉貞化祿】、【破軍化權】【武曲化科】、【太陽化忌】

廉貞化祿

廉貞為桃花星。廉貞化祿代表精神上的享受，因此在甲年中會蒙利的行業為畫廊、戲劇類表演、音樂會、演藝業的發展。同時有歌舞表演的餐廳、酒店、旅館也會受惠。

廉貞為囚星、**司權令**、**主官非**。廉貞化祿所主的甲年中，會有艷遇增多、主誹聞案增多的現象。而且色情行業會泛濫，流連於風月場所的人，有感情困擾的人也會增多。在法院中風化案、強暴案件也會有增多的趨勢。

廉貞主官非，在經濟層面，很多公司，也會有官司事件發生，拖了很久，而不了了之的情況。

賺錢智慧王

破軍化權

破軍是戰星、戰將。化權主掌領導能力與主控權，是一種東征西討，頻頻開疆拓土的精神。但是破軍亦為耗星，因此在開疆拓土時會花費很多錢。整個的局面好似榮景，但骨子裡卻是破敗不堪的。

破軍又司夫妻、子息、奴僕之宿。

此年社會問題會增多，有破敗的家庭、破產的公司增多之現象。也要擔心會有戰爭狀況。

破軍化權當命之年，賺錢辛苦，卻是過路財神。當事者私心重，會導致事情或生意反覆不定，而有拖延的趨勢。也導致這一年當中雖然幹勁十足，喜歡做大事的心態下，仍不能有滿意的成績。破軍化權，是行動力與投資消耗，但對當年的經濟的幫助不大，要等幾年才有收穫。

武曲化科

武曲為正財星，化科是文星。表示是會很有方法的做商業發展及算帳。世界上整個的經濟面會因漸漸好轉、呈現有秩序的增漲之中。台灣的經濟也不例外，社會上的財富正漸漸的、有秩序的做緩慢的重新分配的工作。

甲年時與商業掛勾合作的文藝活動非常活躍，在經過商業性手段做宣傳之後，雖然外表華麗、熱鬧但實際上文藝氣質不高。是非常遺憾的事。

全年社會上的氣氛就籠罩在這種媚俗的商業文藝氣氛之下。

蒙利的有：大財團、通俗藝術家、廣告業、傳播業。但銀行等金融機構獲利則沒有預期的好。

甲年中政治人物與軍警系統會比較上軌道。

太陽化忌

甲年擁有的太陽化忌。太陽代表官祿主。在國家代表政府，有太陽化忌時，此年政府有許多麻煩，可能會遭到百姓的抗議紛爭，產生許多問題。這年代表著上層掌權的政治人物，會為是非所糾纏而不清閒。

也因為如此，甲年時買股票的人，要注意官股的股票會有不測的風險，做為龍頭角色的銀行股、資產股、亦需小心，不然多惹風波。工廠、學校、公家機關、與技術有關的行業，亦需多多防災，以防有變。

甲年太陽化忌，代表木火旺的年份，預防火災是很重要的課題。醫院會因心臟、血管、腦神經病變、精神病的增多而忙碌不堪。

乙年時有【天機化祿】、【天梁化權】【紫微化科】、【太陰化忌】

天機化祿

天機有『變動』的性質，主環境與事物的變動。化祿是『祿星』，無法穩定天機浮動的特性，故而在變動中雖能得財，但很少，而且是財來財去，形成『過路財神』的結局。

天機所主之年，整個社會會呈現做事很性急，喜運用計謀，幻想太多，不實在的狀況。天機化祿之年，有關於宗教、哲學、學術及五術算命方面的知識會得到重視。天機主動，驛馬強，旅遊、航空、航海等業也會發達。

天機化祿之年中，有手足、筋骨受傷的人增多，機車車禍也多。此外，因機械受傷、腦神經病變的人，意外災害的人會較多。

天梁化權

天梁是蔭星，是貴人星，有逢凶化吉，遇難呈祥的力量。化權更能幫助在遭遇困難後得到舒解、化解。更能掌握獨享貴人的好運，伸出援手，與以幫助，並再掌握權利的中心點。

天梁的作用是必須遇劫遇難之後才會發生作用和效應的。它不會平白的出現。因此可斷定這一定是在災禍頻仍的狀況。

天梁化權之年祕書人才、參謀策劃人才、企管人才會得到重用。此外像中醫師、宗教團體、寺廟、慈善公益機構、教育機構五術人才都會得到較佳的地位與好的發展。並對社會上的事件產生主導權。

紫微化科

紫微為諸星之首，代表首領，龍頭，有勢力的人，化科為文星、可增加文藝表現與辦事能力。

在紫微化科之年，所有大型的事業或做官的人，或做龍頭管理的人，都會在處事能力上，有精明能幹的表現。

在紫微化科之年、政府會發表許多有利於民的新措施。

紫微也代表一些高級品、精密、精緻的東西。如古董、珠寶、裝飾用品，或者是電腦、鐘錶、珍貴器材、土地、高樓、房地產等物件。因此這些相關的行業也會發達起來。

太陰化忌

太陰是財星，逢化忌，進財有不順現象，實際上綜合天機化祿、天梁化權等狀況，也會知道在乙年中，錢財會少賺；是非較多，這是考驗政府能力的時刻。

太陰是田宅主，是母星，又是妻宿。逢化忌時，此年所有的女性會有不順的狀況。其他如公教人員、文職人員、護士、藝術家、房地產、化粧品、女性用品類、傢俱用品類、飯店、裝飾用品類會有經營不順或是非很多的狀況。

在太陰化忌之年中，感情不順的人會增多。婚姻中有第三者介入的人也會增多。感情問題糾葛不清，打官司、因而自殺的人會增加。男人在這一年中亦怕太陰化忌，會和母親、妻女處不好，也容易和女性口角、發生爭端。

丙年時有【天同化祿】、【天機化權】【文昌化科】、【廉貞化忌】

天同化祿

天同為福星，化祿為財祿。兩星相遇為『福祿相扶』。**這是一般人最喜愛的運氣了**。但是在命理學上比較會嫌棄他缺乏開創精神，沒有打拚的意志力。可是在經過上一年的是非糾纏，丙年實在應該好好的休養生息一番了。

天同化祿之年，社會上的人，都有為享受而忙碌的情形，因此休閒用品業、遊樂場所、渡假村、旅行社、運輸業會呈現一片澎勃的氣象，社會上給人一片富足、慵懶的感覺。此年內幼稚園開辦的數量會增加。嬰兒的出生率會提高。此外像寵物店、植物店、珠寶、古董等古玩店數量都會增加。天同化祿當值之年，腸疾、耳疾、腎臟、膀胱、尿道、陰道的疾病病人會增多。此方面的專科醫生因此會大發利市。

天機化權

天機化權可使外交才能與謀略得到發展與實際的主控權。因此不但是一般人，就連政府也是頻頻策劃外交出擊，而顯得格外忙碌。

天機主『動』。因此在丙年中大環境的運氣是在變動中掌握主導權。因有主導權，而喜歡有變動的事情發生。愈動愈好。在政治上若有變動事件產生，則可更鞏固領導力量。在經濟上若有變動的力量產生，則會因『動』因『變』而生財。

在天機化權之年，運輸類、貨運業、火車、電車、機車、汽車、機器、轉速快的物品（物流業）、茶葉店、鋁窗業、玻璃製品業、眼鏡業、花草植物業、鐵工廠業都會得到很旺盛的發展。

天機化權之年，要注意精神衰弱、耗弱症、手足等傷害。

文昌化科

文昌專司科甲聲名之事。

文昌化科之年，文學類、藝術類、才藝類、演藝類的事業會旺盛，得到好的發展。同時在這一年中，社會上的風氣也偏向才藝競賽方面的活動。人們在有錢有閒之餘也注意到文化素養的問題。因此在丙年中，教育的改革會增多，藝術性的知識會得到重視。

文昌同時也主精明幹練，計算能力特別好。有化科之後，這種精明幹練與超計較才不會流於市儈氣。因此在國家形象的包裝上與個人賺錢的氣度上也會展現精明而不致讓人有反感的感覺。

廉貞化忌

廉貞為官祿主，行運在廉貞限內為官非、加化忌更凶，為官非爭鬥，因此在丙年內，政治上會產生官非爭鬥的厲害的情況。此狀況也會影響到國家經濟的層面。另一方面，丙年中、社會角落裡賭、色、酒的問題嚴重，也會造成社會問題。

丙年中，因有廉貞化忌的影響，心臟病、血液問題、疑難雜症、自殺的人數會增多。發生火災的頻率會增加。因火災喪生、受傷有血光之事的人數也最多。

丁年時有【太陰化祿】、【天同化權】【天機化科】、【巨門化忌】

太陰化祿

太陰是財星，化祿是祿星。太陰化祿不但財源滾滾，而且享受好，生活舒適。

在太陰化祿之年，舉凡金融界、銀行、財團、公教、文職人員、藝術家、所有女性、金主、女性用品業者、計程車行業、傢俱用品業、飯店、乃致於房地產都會旺盛發展。

太陰化祿讓社會上大多數的人賺到了錢，整個大環境財源充足。因此犯桃花的人增多，感情事件一波三折，而在年尾時，造成是非口舌的爭鬥。

天同化權

天同是福星，有制化解厄的功能。能獲得長輩蔭佑仳護的一種福份。化權能使這種福份增強，能自然而然的享福。

有天同化權之年，舉凡小吃店、玩具店、自來水公司、船舶公司、娛樂業、遊戲場所、服飾業、與水有關的行業、游泳池等都會生意興隆。

此外在社會上，嬰幼兒保健團體，兒童福利與教育會受到重視，幼稚園會增多。青少年問題也會受到重視。

在建設問題上，水利機構、河流整治、排水系統、抽水站會受到重視而得到改善。在外交上，政府能與鄰國和平相處，彼此尊重。

在經濟上，會因休閒活動的增加，而開發了更多的新興行業，更掌握了商機。

天機化科

天機主『動』，此氣運為因變化而產生美譽。

在天機化科之年，出風頭的機會多。甚至整個的國家政府也愛出風頭。因此而造成大家都拚命做廣告，來廣告自己的現象。天機化科之年，傳播業、廣告業、宗教團體、哲學思想的團體機構、設計師、學術界都會有急於推薦自己，而擴大勢力範圍、自我澎漲、拚命做宣傳的情況。但是，雖然如此，財利卻不多見，天機化科只不過是曇花一現的聲名罷了，很快就會被人忘記了。

巨門化忌

巨門是暗星，主是非。化忌又為咎主，是非糾纏，是一個無法解開的結。

巨門化忌之年，對喜事有阻，容易被騙，不甘心，又惹出許多的是非來。

巨門化忌之年，舉凡密醫、符仔仙、做法的巫師、仙家道士等人的生意好。律師、法院、和官司有關係的徵信社、宗教、寺廟、神壇等機構，會很旺盛。

巨門為門戶，主口福。巨門化忌之年，小吃店、飯店、貨車業、五穀雜糧業、食品業、飲料業會有是非麻煩要小心。另外因為受騙、遺失物品、走失人口增多、盜竊、搶劫等犯罪刑事案件增多，警察機構很忙碌。

賺錢智慧王

你的財要怎麼賺

你一輩子有多少財

如何推算大運流年流月

戊年時有【貪狼化祿】、【太陰化權】【右弼化科】、【天機化忌】

貪狼化祿

貪狼化祿所代表的經濟意義是休閒旅遊事業的盛行。貪狼是個禍福主，屬桃花之宿，為人緣、交際等關係的開拓。貪狼在斗數中則主遊樂放蕩之事。因此在貪狼主事的年份裡，休閒玩樂的事會增多，人際關係會較好。

化祿是祿星，代表財利。因此貪狼化祿，會讓很多行業，例如旅遊、餐飲、旅館、運輸、航空公司、車船事業、旅遊商品、紀念品、攝影器材、照片沖洗等行業蒙利。

目前週休二日制度，實際已實現了貪狼化祿的特性。

此外，貪狼化祿也代表交際交酬的關係較好，因此公關公司的行情會看漲。貪狼所代表『好高吟』的特性，如大型的表演戲劇、舞蹈、演藝事業、音樂晚會、馬戲團等表演會很昌盛。同時也利於文化、出版等業風行。

貪狼所司之年，人們喜愛神仙術。寺廟中的信徒增加，香火鼎盛。算命、卜卦的人數增多。在貪狼化祿之年，賭博風行，因賭博而獲利的人數增多。

太陰化權

太陰化權所代表的經濟意義是金融品和女性用品當道。

賺錢智慧王

太陰屬於陰財。是一種儲蓄暗藏的財富。因此戊年中，全民的儲蓄總額將達到最頂點。太陰化權同時也代表著經濟掛帥的一種特別的優勢。倘若政府更能以女性坐陣經濟部長的位置，則更能發揮太陰化權的功能，而能使國家的經濟力量在戊年中更上一層樓。

在戊年中，會因太陰化權而蒙利的行業有：銀行、銀樓、金幣買賣、信用卡業、保管箱業務、金飾、珠寶、集郵。女性用品中有形象設計公司、美容、瘦身公司、衣飾類、化粧品類、養生用品類、一切和女人有關的行業。

同時在太陰化權的年份中，女性自覺運動會更盛行，女權會稍獲改善，進步較多。

太陰亦為感情之宿，感情因素在這一年將會主導人們處事的方向。有感情困擾的人，在事件中也會由女性佔有主導地位，但終能理智解決。戊年中感情糾紛會較多。

右弼化科

戊年中有右弼化科。右弼為輔助之星，並具有包容力和忠厚踏實的特性。化科更增加文藝、辦事能力上的輔助力量，以及很有方法來幫助人或事。同時這也是具有服務特質的意義。

因此右弼化科在經濟上的意義會顯示出服務業的大好前程。慈善事業會擴大，社會福利會改善，而能照顧更多的人。

天機化忌

戊年中天機化忌是最讓人頭痛的了。天機有『動』的特質，非常怕化忌。會增加『動』的幅度，而且此幅度是向下滑落的性質。

因此在戊年中最懼怕的就是『變動』的因素了。幣值的變動，大幅的下跌與上漲，都不會是好事。這是經濟上面的問題。在年運較弱的時刻，亦會有災難事件發生，而影響社會人心，這也是戊年中顯而易見的事情。

己年時有【武曲化祿】、【貪狼化權】【天梁化科】、【文曲化忌】

武曲化祿

武曲是正財星、化祿是祿星，二祿相逢，財利大吉。

武曲化祿之年一般社會上普遍的經濟環境轉為富裕。銀行及金融機構中有存款太多浮濫的現象，而不願接受大筆款項的儲存，而有積極爭取放款業務的情況。

己年的財利較好，因此生意人在獲利頗多的情況下，喜歡投入政治方面。政治人物也紛紛摩拳擦掌尋找好的投資人。軍警人員在這一年中也會得到好的聲譽與地位上升的喜兆。

己年中，金價會上漲。舉凡五金業、金飾品、罐頭業、裝飾品業、素食業、宗教機構、寺廟、金融機構、牛肉品業、食品業都會澎勃發展而財源滾滾。

如何掌握旺運過一生

如何幫子女選一個好生辰

貪狼化權

貪狼為桃花星，多才多藝之星，亦為禍福主。貪狼化權之年，會因交際手腕的應用之妙，而對事務、職位佔有掌控權。

貪狼化權之年，舉凡酒業、金融業、證券公司、藝品業、酒店、飯店、旅館業、賭博場所、聲色場所、卡拉OK、演藝人員、氣功教室、廟宇、販賣植物的花圃，都會大發利市。

貪狼化權之年，教育問題會浮上檯面，成為大家關心的話題。從事教育工作的人，會受到重視。

天梁化科

天梁為蔭星，主壽，有解厄制化的功能，化科更能使人有進步的現象。同時並有增『貴』的力量。

天梁化科之年，慈善事業、教育機構、宗教團體、中醫院、中醫院、接骨師、企管人材、秘書、幕僚人員、五術人才都會澎勃發展。

天梁化科之年，考試制度會有新的改善。大眾傳播、文職、藝術方面的職務會有所表現，而成為熱門的科系。

文曲化忌

文曲主科甲，屬於文星。化忌是咎主。文曲化忌會造成錢財上面是非多，一波三折。而且在口舌上是非也多的情況。會因講話語意不明而惹風波。

文曲亦屬桃花星。文曲化忌所在之年，感情困擾多，緋聞案多。代表學界或藝術界會有言語銳利或詞不達意所引起的是非，或是感情問題所造成的緋聞案發生，使社會譁然。

庚年時有【太陽化祿】、【武曲化權】【天同化科】、【太陰化忌】

太陽化祿

太陽主權貴。太陽化祿，力量不強，沒有增富的實際力量。**太陽在人，主男性、政治人物、做官的人**。因此在太陽化祿之年，政治人物們事業都會有表現。

太陽化祿之年，舉凡電力公司、能源機構、做馬達的工廠、電燈製造廠商、瓦斯公司、電器用品業、與火電有關的行業、服務業都會有旺盛的發展，生意興隆。

此外像公家機關、學校、工廠和技術製造業等廠商也會順利、經營，而有好成績。

武曲化權

武曲是財星，擁有化權後會增加其奮鬥力量和權威性。

武曲化權之年，金融、經濟體系會主導整個的社會風氣，政治人物會愈發的有份量。生意人利用財經的優勢會主導政府很多的建設與制度的建立。

軍警人員也會在武曲化權之年，地位上升，而得到人民的敬重。武曲化權之年，金價會上揚，金融機構獲利最多。所有的五金類、罐類、裝飾品、金屬製品價錢都會上漲。此外像素食店、寺廟、美容公司也會財利不錯。

天同化科

天同是福星，化科是文星。天同化科只能增加享受的福份。但有逃避現實之嫌。

天同化科之年，人們較喜愛尋求悠閒超脫生活，傾向接近自然原始的生活，因此休閒活動非常流行。

天同化科之年，小吃店、玩具、服飾流行業、娛樂業界、船舶休閒娛樂都會再度流行，而且與水有關的行業及機構，也會因天同化科之年而受惠。

※ 有關於庚年的化科與化忌，坊間有些派別是以『天同化忌、太陰化科』來排。但我們這學派認為天同是福星，能化解一切忌星及災厄，是不會帶化忌的。故以太陰化忌、天同化科來排定。

太陰化忌

太陰雖是財星，是陰財。指的是古董、儲蓄類的金融商品。太陰化忌之年，是不利於儲蓄的，可能利息降低，而沒有益處，應將錢財轉向投資事業。因此相對的，銀行中的儲蓄金額會慢慢減少，因金錢、生意而起的糾紛變多。

太陰化忌之年，因感情而起的糾紛多。女人和女人之間的是非糾紛多，女人對男人而產生的是非也多。

如何審命改命
如何轉運立命

辛年時有【巨門化祿】、【太陽化權】【文曲化科】、【文昌化忌】

巨門化祿

巨門主口才，有化祿時可展現能力，而且人緣較好。有巨門化祿之年、舉凡業務員、保險經紀、仲介業、教師、補習班、民意代表、助選員、乩童、符籙仙、寺廟主持等的人。凡是以口才來生財的人，都會以此得到財利。巨門為門戶，主口福。巨門化祿之年，食祿較好，因此食品業、飯店、糧食業、餐飲店都會旺盛生意好。

巨門主是非，在數主是非暗昧之事。巨門化祿之年，賺取錢財多競爭激烈。因巨門化祿帶財的力量不強，錢財不易留存。實應從事服務業，做固定薪資的工作，以助他人獲利較佳。

巨門化祿之年，演藝界的人員較易有表現而得財。一般社會上的風氣以多說少做為一現象，是辛勞而得財不多的狀況。

太陽化權

太陽主官祿，主貴，特別喜歡化權相助。可增加權威性及領導力。

太陽化權之年，相對的也象徵政府的公權力受到尊重。舉凡做官職的人，企業、財團的大老闆、政治人物地位都會向上攀升。

太陽化權之年，舉凡電力公司、石油、電氣用品、瓦斯、民生必需品有旺盛發展，會漲價。

太陽化權之年，股票中金融股會大發利市，並以龍頭地位的股種，會創新高。太陽化權之年，大企業、大財團獲利較多，壟斷市場的情況也比較嚴重。學校會漲學費。

文曲化科

文曲主科甲、才藝、口才。化科是文星，更能增加其聲名及說服力。在文曲化科之年，會出現較有成就的文學家或藝術家。文學、藝術，用口才表演的藝術在此年興旺。演藝人員在此年可發揮得淋漓盡致，名利雙收。

辛年中，一般社會上的文學、藝術活動也較多。受惠的有：文學家、作家、教授、發表文章的專家學者、出版公司、藝術家、大型演藝活動、演藝人員、學生。此年也利於考試。

文昌化忌

文昌主科甲、文墨。在文昌化忌之年，會因公文或契約上的問題，而有是非爭訟。在辛年中，也易有作家因作品仿冒問題而興訟。

文昌化忌之年，亦會因計算錯誤或判斷錯誤而遭到破財失利、爭訟官非的情況。

文昌化忌之年，學校中也容易出問題，引起社會群聲討伐。

紫微改運術
紫微談判學

壬年時有【天梁化祿】、【紫微化權】【左輔化科】、【武曲化忌】

天梁化祿

天梁是貴人星，會先遇難而後呈祥。天梁不喜化祿。化祿會給天梁帶來許多不必要的麻煩。因為天梁是復建之星。在復建的過程裡，再有祿星相擾，會影響復建後遇難呈祥的力量。

天梁化祿之年，會有突發的小財，而產生很多是非，成為天梁的包袱。慈善機構及教育團體、公益人員、宗教、團體會因爭奪政府的補助款項，捐款人、信徒而相互攻擊。並且許多宗教團體、寺廟會因擴充太快，而產生是非，引起社會的置疑，而產生官非，但會很快平息。壬年，政府會因對外援助的款項，而遭受國際間的置疑，而有名聲受損的狀況。

紫微化權

紫微是主貴不主富的。紫微化權之年，社會上的經濟面呈漸漸走強的趨勢。房地產的價格會向上攀升，股票會很興旺。例如一些高級貨品、貴金屬、古董、珠寶、高級鐘錶、電腦業都會蒸蒸日上，呈現一片榮景。

紫微化權之年，在政治上，強勢有力的政治人物會出現。政治上會出現重新整合的型態，但一切在祥和中進行。

左輔化科

左輔化科只能使辦事效力提高，在氣運上只是助運而已，沒有實際增財的效果。宜為人服務、助人得財，而自己也稍為有點好處而已。因此若是政府在壬年對外援助的話，想要回收利益，很可能會落空的。

一般的企業或個人，處在『左輔化科』運時，應以固定的薪水和固定的獲利標準而實行生財之道，千萬不能有一步登天的想法。

武曲化忌

武曲是財星，化忌是咎星。武曲最不喜歡化忌了，會有財務危機、感情困擾、事業艱難或破產等問題。

武曲化忌之年，若有羊、陀、火鈴、劫、空來相剋制，可以減少或緩衝種種不順的時間問題。但終究是財運不好，是非重重，很難解決的問題。

武曲化忌之年，會有金融風暴的產生。銀行、金融機構容易吃呆帳。政治人物、軍警業者也多有不順。

綜合上面四項，壬年並不是能夠大發利市進財很多的年份。

權 祿 科

殺 破 狼

紫 廉 武

癸年時有【破軍化祿】、【巨門化權】【太陰化科】、【貪狼化忌】

破軍化祿

破軍是戰星，亦是耗星。化祿是祿星。破軍化祿是沒錢要找錢來花費。雖因積極努力而稍有一點點進帳，但其中破耗、欠債多於收獲，因此並不算很吉。

在破軍化祿之年，政府會改革很多制度，但有些制度並不會很完善，只是虛應故事一番，以待日後再來檢討。

破軍化祿之年，一般的企業或個人，整年的獲利都不會很好，因此此年適合投資，以待來年再收獲。推銷商品之推銷員、運輸業、貨運業、貿易外交工作、軍警、菜市場、貨櫃業、徵信社、環保工作人員、特務等工作會順利，事業運旺，獲利較多。

巨門化權

巨門化權為利用口才的權威，而掌實權。巨門化權之年，民意代表、政治人物、政府官員，都很會抓住一些社會問題或心理，來大做文章，以增加自己的地位。此年引起公眾注意的是非問題，也非常猖獗。

巨門化權之年，小人得道，密醫、乩童、巫師、道場、法師特別興旺。

巨門化權之年，仲介業、保險經紀、補習班、汽車買賣業、小吃店、飯店、食品業會發達興旺。

太陰化科

太陰是財星，化科是文星。太陰化科是很有方法、很有氣質的在賺錢，這當然不如化祿、化權錢財來得多。太陰化科之年，女性用品、美容用品、減肥瘦身、舉凡一切與女性有關的生意，會比較發達。此外金融界也不錯。銀行儲蓄總額在緩慢中有長進。房地產價值會上昇，也會出現優質的房地產。更會出現精挑細選的買家。

貪狼化忌

貪狼為桃花星，主交際應酬和人緣。雖然貪狼不畏化忌。但是還是會造成一些人緣不佳或美中不足之事，政府的外交能力會受到考驗。

貪狼化忌之年，會因桃色事件而引發糾紛，感情困擾多。學校教育體系的是非紛爭較多，以及校園安全問題嚴重。

貪狼化忌之年，證券公司、演藝界、酒店、藝品店、賭博場所、氣功館、寺廟會產生問題，引發糾紛。

綜合上四項，可知癸年的整個氣運是比較虛浮、財不多，賺錢不容易，人們的心態喜歡求神問卜，會因自己的問題或外界的關係，而會產生外交問題、人緣不佳。

簡易大六壬神課詳析

法雲居士⊙著

『六壬學』之占斷法是歷史上最古老的
占卜法。其年代可上推至春秋時代。
『六壬』與『易』有相似之處，都是以
陰陽消長來明存亡之道的卜術。學會了
之後很容易讓人著迷。它也是把四柱推命
再繼續用五行生剋及陰陽等方式再變化
課斷，以所乘之神及所臨之地，而定吉凶。

新的二十一世紀災難連連，天災人禍不斷，
卜筮之道中以『六壬』最靈驗，
但大多喜學命卜者害怕其手續煩雜，
不好入門，特此出版此本簡易篇以解好學者疑義。
並能使之上手，能對吉凶之神機有倏然所悟！

紫微命理子女教育篇

法雲居士⊙著

《紫微命理子女教育篇》是根據命理的
結構來探討小孩接受教化輔導的接受度，
以及從命理觀點來談父母與子女間的親子
關係的親密度。

通常，和父母長輩關係親密的人，
是較能接受教育成功的有為之士。
每個人的性格會影響其命運，因材施教，
也是該人命運的走向，故而子女教育篇實
是由子女的命格已先預測了子女將來的成就了。

驚爆偏財運

法雲居士⊙著

『偏財運』就是『暴發運』！

世界上許多領袖級的人物、諾貝爾獎金得主、以及各大企業集團的總裁、領導級的政治人物，都具有『暴發運格』。

『暴發運格』會改變歷史，會創造歷史！『暴發運格』也可以創造億萬富翁，是宇宙間至高無上的旺運！

在你的生命中，到底有沒有這種契機？你到底屬不屬於那全世界三分之一的好運人士？

且聽法雲居士向您解說『暴發運格』、『偏財運格』的種種事蹟與內含，把握住自己生命中的爆發點，創造歷史的人，可能就是你！

紫微斗數精華篇

法雲居士⊙著

學了紫微斗數卻依然看不懂格局，不瞭解星曜代表的意義，不知道命程形局的走向，人生的高峰時期在何時？何時是發財增旺運的好時機？考試、升職的機運在何時？何時才會交到知心的好朋友？一生到底能享多少福？成就有多高？
不管問題是你自己的，還是朋友的，
你都在這本書中找得到答案！

法雲居士將紫微斗數的精華從實用的角度，來解答你的迷惑，及解釋專有名詞，讓你紫微斗數的功力大增，並對每個命局瞭若指掌，如數家珍！

如何幫子女找一個好生辰

法雲居士⊙著

從歷史的經驗裡，告訴我們命格的好壞和生辰的時間有密切關係，命格的高低又和誕生環境有密切關係，這就是自古至今，做官的、政界首腦人物、精明富有的老闆，永享富貴及高知識文化，而平民百姓永遠在清苦的生活中與低文化的水平裡輪迴的原因。

人生辰的時間，決定命格的形成。命格又決定人一生的成敗、運途與成就。每一個人在受孕及出生的那一剎那已然決定了一生。很多父母疼愛子女，想給他一切世間最美好的東西，但是為什麼不給他一個『好命』呢？

『幫子女找一個好生辰』就是父母能為子女所做，而很多人卻沒有做的事，有智慧的父母們！驚醒吧！

請不要讓孩子一開始就輸在命運的起跑點上！

如何選取喜用神
上、中、下冊

法雲居士⊙著

(上冊)選取喜用神的方法與步驟。

(中冊)日元甲、乙、丙、丁選取喜用神的重點與舉例說明。

(下冊)日元戊、己、庚、辛、壬、癸選取喜用神的重點與舉例說明。

每一個人不管命好、命壞，都會有一個用神與忌神。喜用神是人生活在地球上磁場的方位。喜用神也是所有命理知識的基礎。

及早成功、生活舒適的人，都是生活在喜用神方位的人。運蹇不順、夭折的人，都是進入忌神死門方位的人。門向、桌向、床向、財方、吉方、忌方，全來自於喜用神的方位。用神和忌神是相對的兩極。一個趨吉，一個是敗地、死門。兩者都是人類生命中最重要的部份。

你算過無數的命，但是不知道喜用神，還是枉然。

法雲居士特別用簡易明瞭的方式教你選取喜用神的方法，並且幫助你找出自己大運的方向。

法雲居士⊙著

大家都希望自己很聰明，大家也都希望自己有暴發運。

實際上，有暴發運的人在暴發錢財的時間點上，也真正擁有了超高的智慧，是常人所不及的。

這本『暴發智慧王』，就是在分析暴發運創造了那些成功人士？

暴發運如何創造財富？如何在關鍵點扭轉乾坤？

人可能光有暴發運而沒有智慧嗎？

如何才能做一個真正的『暴發智慧王』？

法雲老師用簡單明確、真實的案例詳細解釋給你聽！

法雲居士⊙著

一般坊間的姓名學書籍多為筆劃數取名法，這是由國外和日本傳過來的，與中國命理沒有淵源！也無法達到幫助人改善命運的實質效果。

凡是有名的命理師為人取名字，都會有自己一套獨特方法，就是--納音五行取名法。

納音五行取名法包括了聲韻學、文字原理、字義、聲音的五行來配合其人的命理結構，並用財、官、印的實效能力注入在名字之中，從而使人發奮、圓通而有所成就。納音五行的運用，並可幫助你買股票、期貨及參加投資順利。

現今已是世界村的時代，很多人在小孩一出世時，便為子女取了中文名字、英文名字及日文名字，因此，法雲老師在這本書將這些取名法都包括在此書中，以順應現代人的需要。

八字王--八字算命速成寶典

法雲居士⊙著

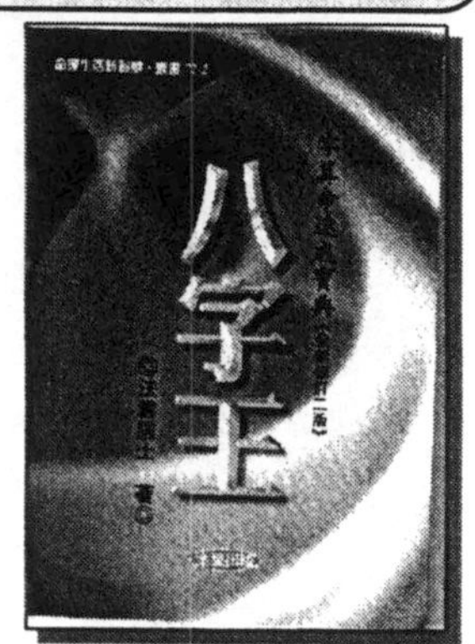

人的八字很奇妙！『年、月、日、時』明明是一個時間標的，但卻暗自包含了人生的富貴貧賤在其中。

八字學是一種環境科學，懂了八字學，你便能把自己放在最佳的環境位置之上而富貴享福。

八字學也是一種氣象學，學會了八字，你不但上知天文、下知地理，不但能知天象，還能得知運氣的氣象，而比別人更快速的掌握好運。

每一個人的出生之八字，都代表一個特殊的意義，好像訴說一個特別的故事，你的八字代表什麼特殊意義呢？在這本『八字王』的書之中，你會有意想不到的、又有趣的答案！

法雲居士⊙著

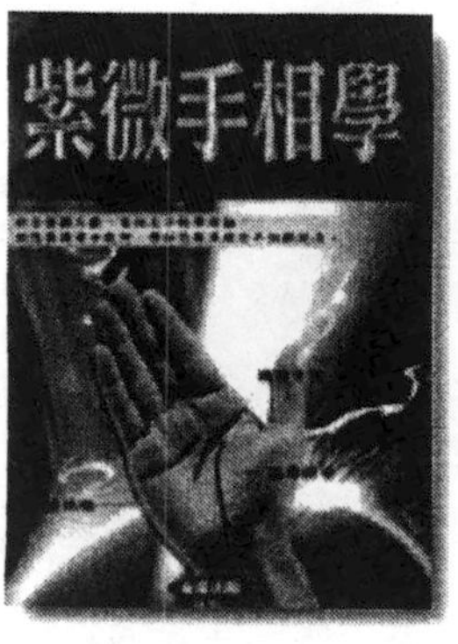

這本書是結合紫微斗數的精華和手相學的精華，而相互輝映的一本書。

手相學和人的面相有關。紫微斗數中每種命格也都有其相同特徵的面相。因此某些特別命格的人，就會具有類似的手相了。當紫微命格中的那一宮不好，或特吉，你的手相上也會特別顯示出來這些特徵。

法雲居士依據對紫微斗數的深刻研究，將人手相上的特徵和命格上的變化，一一歸納、統計而寫成此書，提供大家參考與印證！

對你有影響的

權、祿、科

法雲居士⊙著

在每一人的生命歷程中，都會有能掌握一些事情的力量，對某些事情能圓融處理的力量。又有某些事情是使你頭痛，或阻礙你、磕絆你的痛腳。這些問題全來自出生年份所形成的化權、化祿、化科、化忌的四化的影響。『權、祿、科』是對人有利的，能促進人生進步、和諧、是能創造富貴的格局。『權、祿、科』的配置好壞就是能決定人生加分、減分的重要關鍵所在。

星曜特質系列包括：『羊陀火鈴』、『十干化忌』、『殺、破、狼』上下冊、『權、祿、科』、『天空地劫』、『昌曲左右』、『紫、廉、武』、『府相同梁』上下冊、『日月機巨』、『身宮和命主、身主』。

此套書是法雲居士對學習紫微斗數者常忽略或弄不清星曜特質，常對自己的命格有過高的期望或過於看輕的解釋，這兩種現象都是不好的算命方式。因此以這套書來提供大家參考與印證。

對你有影響的

法雲居士⊙著

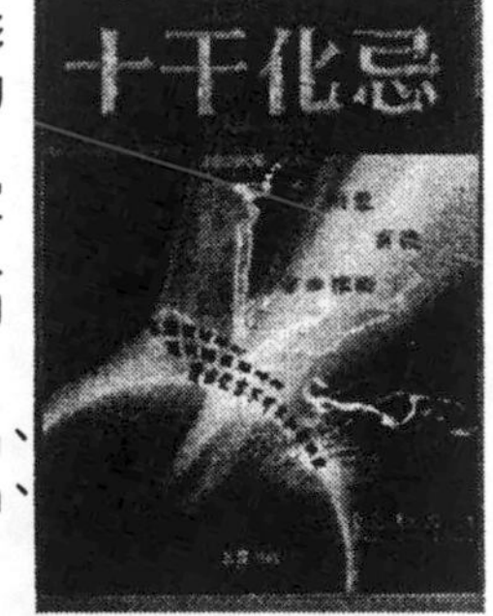

『權祿科忌』是一種對人生的規格與約制，十種年干形成十種不同的、對人命的規格化，以出生年份所形成的四化，其實就已規格化了人生富貴與成就高低的格局。『權祿科』是決定人生加分的重要關鍵，『化忌』是決定人生減分的重要關鍵，加分與減分相互消長，形成了人世間各個不同的人生格局。『化忌』也會是你人生命運的痛腳及力猶未逮之處。

星曜特質系列包括：『殺、破、狼』上下冊、『羊陀火鈴』、『十干化忌』、『權、祿、科』、『天空地劫』、『昌曲左右』、『紫、廉、武』、『府相同梁』上下冊、『日月機巨』、『身宮和命主、身主』。

此套書是法雲居士對學習紫微斗數者常忽略或弄不清星曜特質，常對自己的命格有過高的期望或過於看輕的解釋，這兩種現象都是不好的算命方式。因此以這套書來提供大家參考與印證。

桃花轉運術

法雲居士⊙著

桃花運是人際關係中的潤滑劑，在每個人身上多少都帶有一點。這是『正常的人緣桃花』。

但是，桃花運分為『吉善桃花』、『愛情色慾桃花』、『淫惡桃花』。亦有『桃花劫』、『桃花煞』、『桃花耗』等等。桃花劫煞會剋害人的性命，或妨礙人的前途、事業。因此，那些是好桃花、那些是壞桃花，要怎麼看？怎麼預防？或如何利用桃花運來轉運、增強自己的成功運、事業運、婚姻運？

法雲老師利用多年的紫微命理經驗來告訴你『桃花轉運術』的方法，讓你一讀就通，轉運成功。

台 天吾宮 東

新春期間服務項目：

1.點光明燈

2.安太歲

3.祭改

(信眾膳宿、感應服務)

平日的服務項目：

1.問事

2.收驚

3.祭改

4.卜卦

地址：台東市知本路三段510巷27弄7號

電話：089-513753　手機：0987733363

部落格：tw.myblog.yahoo.com./tien-woo

紫微斗數格局總論

法雲居士⊙著

這本書是將紫微斗數中所有的命理特殊格局，不論是趨吉格局，如『君臣慶會』或『陽梁昌祿』或『明珠出海』或各種『暴發格』等亦或是凶煞格局，如『羊陀夾忌』、『半空折翅』、或『路上埋屍』或『武殺羊』等傷剋格局，都會在這本書中詳細解釋。

這本書中還有你平常不知道的很多命理格局。要學通紫微命理，首先要瞭解命理格局，學會了命理格局，人生的問題你就全數瞭解了！

暴發智慧王

法雲居士⊙著

大家都希望自己很聰明，大家也都希望自己有暴發運。實際上，有暴發運的人在暴發錢財的時間點上，也真正擁有了超高的智慧，是常人所不及的。

這本『暴發智慧王』，就是在分析暴發運創造了那些成功人士？暴發運如何創造財富？如何在關鍵點扭轉乾坤？

人可能光有暴發運而沒有智慧嗎？

如何才能做一個真正的『暴發智慧王』？

法雲老師用簡單明確、真實的案例詳細解釋給你聽！

紫微格局看理財

法雲居士⊙著

『理財』就是管理錢財，必需愈管愈多！因此，理財就是賺錢！每個人出生到這世界上來，就是來賺錢的，也是來玩藏寶遊戲的。每個人都有一張藏寶圖，那就是您的紫微命盤！一生的財祿福壽全在裡面了。同時，這也是您的人生軌跡。玩不好藏寶遊戲的人，也就是不瞭解自己人生價值的人，是會出局，白來這個世界一趟的。因此您必須全神貫注的來玩這場尋寶遊戲。『紫微格局看理財』是法雲居士用精湛的命理推算方式，引領您去尋找自己的寶藏，找到自己的財路。並且也教您一些技法去改變人生，使自己更會賺錢理財！

使你升官發財的『陽梁昌祿』格

法雲居士⊙著

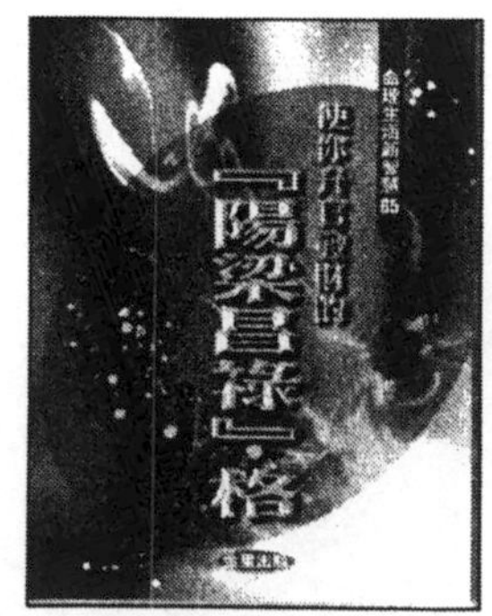

在中國命理學中，『陽梁昌祿』格是讀書人最嚮往的傳臚第一名榮登金榜的最佳運氣了。從古至今，『陽梁昌祿』格不但讓許多善於讀書的人得到地位、高官、大權在握，位極人臣。現今當前的世紀中也有許多大老闆大企業家、大企業之總裁全都是具有『陽梁昌祿』格的人，因此要說『陽梁昌祿』格會使人升官發財是一點也不假的事實了。但是光有『陽梁昌祿』格卻錯過大好機會而不愛唸書的人也大有其人！要如何利用此種旺運來達到人生增高的成就，這也是一門學問值得好好研究的了。聽法雲居士為你解說『陽梁昌祿』格的旺運成就方法，同時也檢驗自己的『陽梁昌祿』格有無破格或格局完美度，以便幫自己早早立下人生成大功立大業的壯志。

對你有影響的

上、下冊

法雲居士⊙著

每一個人的命盤中都有七殺、破軍、貪狼三顆星，在每一個人的命盤格中也都有『殺、破、狼』格局，『殺、破、狼』是人生打拼奮鬥的力量，同時也是人生運氣循環起伏的一種規律性的波動。在你命格中『殺、破、狼』格局的好壞，會決定你人生的成就，也會決定你人生的順利度。

『殺、破、狼』格局既是人生活動的軌跡，也是命運上下起伏的規律性波動。

但在人生的感情世界中更是一種親疏憂喜的現象。它的變化是既能創造屬於你的新世界，也能毀滅屬於你的美好世界，對人影響至深至遠。因此在人生中要如何把握『殺、破、狼』的特性，就是我們這一生最重要的功課了。

對你有影響的

法雲居士⊙著

在每個人的命盤中，都有紫微、廉貞、武曲三顆星，同時這三顆星也具有堅強的鐵三角關係，會在三合宮位中三合鼎立著，相互拉扯，關係緊密、共同組織、架構了你的命運。這也同時，紫微、廉貞兩顆官星和武曲一顆財星，也共同主宰了你的命運！當命盤中的紫、廉、武有兩顆以上居旺時，你的人生就會富足的多，也事業順利、有成就。如果有兩顆以上都居平、陷之位時，則你人生中的過程多艱辛、窮困、不太富裕。要看命好不好？就先從你命盤中的這三顆星來分析吧！

這部套書是法雲居士對於學習紫微斗數者常忽略或弄不清星曜特質，常對自己的命格不是有過高的期望，就是有過於看低自己命格的解釋，這兩種現象都是不好的算命方式。因此，以這套書來提供大家參考與印證。

紫微斗數格局總論

法雲居士⊙著

這本書是將紫微斗數中所有的命理特殊格局，不論是趨吉格局，如『君臣慶會』或『陽梁昌祿』或『明珠出海』或各種『暴發格』等亦或是凶煞格局，如『羊陀夾忌』、『半空折翅』、或『路上埋屍』或『武殺羊』等傷剋格局，都會在這本書中詳細解釋。

這本書中還有你平常不知道的很多命理格局。要學通紫微命理，首先要瞭解命理格局，學會了命理格局，人生的問題你就全數瞭解了！

算命智慧王

法雲居士⊙著

《算命智慧王》一書的內容主要是將算命此行業的業務內容做一規範作用，好讓銷費者與卜命業者共同有一可遵循的模式，由此便能減少紛爭。世界上愛算命的人口多，但只喜歡聽對自己有利之事，也只喜歡聽論命者說自己是富貴命，常有命相師會投其所好而斷之，等到事情沒有應驗而又怨之。此書讓大家了解算命該怎麼算？去問問題該問些什麼？究竟命理師該告訴你些什麼呢？如果算命結果不如你願時還要不要再繼續找人算呢？有關算命的問題都在這本書中會找到答案。

紫微命格論健康

上、下冊

法雲居士⊙著

陰陽五行自古以來就是命理學和中國醫學的源頭及理論的重要依據。

命理學和中醫學運用陰陽五行做為一種歸類和推演的規律，運用生剋制化的功能，來達到醫治、看病、養生的效果。因此命理學和中醫學既是相通的，又是同出一源的。

上冊談的是每個命格在健康上所展現的現象。

下冊談的是疾病因命格不同所產生的理論問題。

教您利用流年、流月、流日來看生理狀況和生病日。以及如何挑選看病、開刀，做重大治療的好時間與好方位，提供您保養身體與預防疾病的要訣。

紫微斗數自最能掌握時間要素的命理學。生命和時間有關，能把握時間效應，就能長壽。此書能教您如何保護生命資源，達到長壽之目的。

戀愛圓滿—愛情繞指柔

法雲居士⊙著

愛情是『人』的精神層面之大宇宙。
缺少愛情，人生便會死寂一片，空泛無力。在人生中，你會遇到什麼樣的愛情對手？你的『愛情程式』又是什麼型式的？
是相愛無怨尤的？還是相煎何太急的？
你的『愛情穩定度』是什麼方式的？
是成熟型有彈力的？還是斷斷續續無疾而終的？你想知道『花心大蘿蔔』的愛情智商有多高嗎？
在這本書中會有讓你意想不到的噴飯答案。法雲老師用紫微命理的架構，把能夠讓你〝愛情圓滿〞的秘方，以及讓戀愛對方服貼的秘方告訴你，讓你能夠甜蜜長長久久！

機月同梁格會主宰你的命運

法雲居士⊙著

『機月同梁格』在紫微命理中是非常重要的命理格局。它是一個能使人有穩定工作、及過平順生活的格局。不僅是只能過薪水族生活的格局而已！

它會在每個人的命盤中出現，而且各人的格局形式與星曜旺弱都不一樣，代表了每個人命運凶吉刑剋。

此格局完美的人能做大事成大業，能由經年累月累積財富，或由經驗累積而功成名就。法雲老師用自己的經驗和體會，以及長期研究紫微命理的心得寫下此書，獻給一些工作事業起伏不定的朋友們，以期檢討此人生格局後再出發，創造更精彩的人生！

金星出版
命理生活新智慧・叢書
VENUS PUBLISHING CO.